佐々木大八伝

魁

まえがき

魁としての奮闘の記録

「これですよ、これ」

佐々木大八社長は厚いレポートのページを繰《く》りながらひとりうなずいていた。

三十年以上前に姉ヶ崎《あねがさき》の本社を訪問した時のことである。研修の説明のため持参した研修生のレポートを見せた。

一ヵ月分が三十枚。読書感想文や自己啓発の報告書などが自筆でびっしり書き込まれている。それに添削の○×や講師の評価がまたびっしり赤字で記入されている。

佐々木はこれを見て感情が高ぶって「これです！」と言ったのであった。

仕事はサービス業である。サービス業はお客様の信用で成り立っている。お客様は何を信用するのか。商品の値段や質もあるが、一番は応対する社員である。社員の人間性が優れていれば信用する。劣っていれば不信を抱く。

人間性は知識教養人格である。

佐々木は社員の人間性を高めようと、一人で社員教育を行ってきた。講義をし本を読ませレポートを提出させた。

何を言いたいのかわからないレポート、数行で終わっているレポート、ピント外れのことを書いているレポート……。佐々木は自分の教育が空回りしていると感じていた。お客様が信用してくれる人間性を社員に身につけさせるのは無理なのかと諦めかけていた。

仕事は国語と算数でする。算数はまずまずだが国語が弱い。読み書きができない。学校を出てから読んだり書いたりの機会が少なくなり、ますます国語力が低下する。理解力と表現力がなければ知識教養人格は高まらない。優れた人間性の持ち主にはなれない。

「研修、まず私が出ます」と佐々木。

実は、創業十七年目の労働争議解決の後、佐々木は改心して経営者としての勉強を始めた。ビジネス書、経営書を読んだ。名の知れた「経営者の勉強会」に次々に参加して会員になった。同じ会員の社長たちと交流した。勉強嫌いで勉強から逃げていた佐々木のこの変身は「よくこんなに大きく変われたものだ」と本人が驚いたほどである。

勉強の成果は年月とともに積み上がった。社員に経営方針を示し、日本の近代史を教えられるレベルに達した。「立派な日本人を作る」や「家族主義の経営」という経営理念を打ち立てることができるようになった。

これを知っていたので申し出を断った。

「社長は研修を受けても成長も効果も期待できません。時間のむだですから出ない方がいいと思います。社長は誰から派遣するか決めてください」

こうして㈱三友鋼機はアイウィル研修のお客様になってくれた。以後現在までお得意様であり続けてくれている。

五年前、「有言実行研修」ができてすぐ「十二拠点、全社員をやりたい」と問い合わせがあった。パートも含めて百六十名。㈱サン・アシートの石坂社長と当社社長の商談で決定。一年半の期間に青森から大阪まで十二拠点すべての研修を修了した。

本当にやってくれると思っていなかった私は心底感激した。

後日佐々木会長は言った。

「あの研修をやってよかった。研修前や研修中に二割近く辞めました。うちの社風になじまない、会社の方針に心の中では反感を持っていた人たちです。会社のガンになりかねない人、その人たちがそっくり辞めてくれた。お金で計算できない研修の効果です」

研修の効果をこのように受け止める会長にまた感激した。

令和五年五月、石坂社長が「創立六十周年の記念に『佐々木大八伝』を社員や関係者に贈りたい。作ってくれないか」と言ってきた。「本人にはまだ話していない」と言う。

過去に創業社長の人生史は、二社請け負ったことがある。私は監修したが、取材執筆はしなかった。

「今度の、これは私の仕事だ」と思った。まだ相手が「やる」と言っていないうちに決めた。初めから終わりまで私が責任をもって取材執筆する。

佐々木は昭和十七年二月生まれ。私は十六年十一月の同学年である。敗戦後の貧しい時に少年期、青年期を送っている。あまり恵まれているとは言えない同じような育ち方をしている。自分が佐々木に重なる。『佐々木大八伝』の筆者は私が適任だと思った。

何回か取材をし、何回も推敲した。

七月十九日「一章」を酒井正子に渡して「こういう調子で書く」と言った。酒井は原稿を持って姉ヶ崎へ行った。石坂は一章を読んで思案顔。「これ、会長に見てもらいましょう」と言い酒井を伴って佐々木の自宅へ行った。

一章を読んで佐々木は「お見事、さすがです」と言った。

正式なゴーサインが出たと思った。この調子で書き進めよう。

真っ先に攻め込む勇敢な人を魁という。三友鋼機の首領、佐々木大八は「魁」と呼ぶにふさわしい人物である。

年表と史実に基づく伝記や自慢話に終始する人生史とは一味違う「佐々木大八の魁としての奮闘の記録」ができあがった。

夏が行き、秋風が吹き、霜が降りる師走の頃であった。

染谷和巳

佐々木大八伝　魁　目次

目次

一章　名刀兼定のおかげで〝節目〟をこえられた

このままでは会社が潰《つぶ》れると思った。

朝の六時。庭の朝顔が咲き始めている。紫色の大輪の花だ。

佐々木大八は床の間の和泉守兼定《いずみのかみかねさだ》を見た。打粉をして鞘《さや》に納めたばかりである。ずっしり重い。それを持って家を出た。

もう一年以上になる。今日で何回目の〝団交〟になるだろう。

ある日、室井《むろい》が若い社員二人を従えて社長室にやってきた。相変わらず見苦しい風体である。

「労働組合を作りましたので、社長、団体交渉に出席してください」

「何？　組合？　そんな話聞いてない」

「もう結成大会を済ませたので、正式な組合です。我々の要望を社長に聞いていただきたいので、お願いします」

要望は賃上げと労働時間の短縮。給料はアメリカや大企業と比べれば低いが、同業他社よりは高い。それに引かれて他社から移ってくる人もいる。それを今の一・五倍にと言う。労働時間は朝の始業二時間前出社をやめてくれと言う。

早朝出社を会社は強制していない。しかしみな八時始業の二時間前に来ている。来ざるを得ない状況に置かれている。もし八時に来たら、他の会社なら普通なのに、ここではだめ社員と見られる。始業を十時に変えてほしい。そうすればみんな家でゆっくり時間をとって八時前に来る……。

営業に出かけている社員がいるので今回は十人ほどだが、前回は二十人が顔をそろえた。部課長の管理者と女性社員、十人以外の全員である。社員の三分の二が、室井に手なずけられて組合側についている。

社員は近隣の純朴な青年で、労働運動をするような社員ではない。その青年たちが今は険しい目つきで社長を睨《にら》みつけている。

「より少ない労働でより多い賃金を」が組合のスローガンである。室井が団交の席で何度も唱えていた。こんなことを続けていたら会社がだめになる。室井に会社を潰される。

事務所に入ると女性社員が「おはようございます」と明るい声で挨拶した。いつも六時に来る社長が九時を過ぎても見えないので心配していた。それが姿を見せたので「ああ、よかった」とほっとして声が弾んだのだった。

社長は二階の食堂へ階段を蹴《け》った。

会議室兼夜の宴会会場兼朝の社員食堂。

朝食をとらずに出社する社員が多いので、近所のおばさんに賄いを頼んで、簡単な和食を一食百円で提供している。社長以外は全員よく利用している。

引き戸をガラッと開けた。ただひとりの味方、経営者側の住安《すみやす》専務が頭を下げた。

奥にいた十人が一斉に見た。

社長は入口近くの椅子にかけて日本刀を床にドンと突いた。

「おいっ！」と叫んだ。

社長が鬼の形相で刀の柄《つか》を握っている。

十人の社員は石のごとく固まった。その中には共同経営者の一人、佐竹の姿もあった。佐竹は経営者側ではなく労働者側について若い社員を煽動《せんどう》していた。

中心にいる室井は顔面蒼白《そうはく》である。

室井は身だしなみにかまわない。会社のユニフォームを着ているが、ユニフォームだとわからないほど汚れている。シャツもズボンも垢《あか》じみている。髪の毛やひげの手入れもあまりしないし、顔も洗わないようだ。だから顔が青くなったという表現は適切ではないかもしれない。ホームレスのような汚れた格好を、室井は労働組合委員長のトレードマークにしている。その室井が、日本刀を見て石になっている。

「君たちの要求に従ったら会社は潰れる。私は命をかけて会社を守る。今後、交渉には一切応じない。わかったか。私の言うことがわかった者は仕事に戻れ」

九人の社員が社長と専務の傍《かたわ》らをすり抜けて出て行き、室井も後を追った。

団交は二度と開かれなかった。

後でわかったことだが、食堂のフロアタイルの床に穴があいている。

女性社員がそれを見つけて言った。

「社長が刀を持って二階へ上がって行ったの。ドンとすごい音がして何かあったなと思ったけど、すぐには見に行けなかった」

刀の鞘の鐺《こじり》を社長は力一杯突いた。その気合の穴であった。

これもまた後でわかったことだが、室井は工業団地の大企業の工場でやはり組合活動をしていた。利己的で他人の意見を聞かないので味方の組合員からも嫌われ、会社を辞めざるを得なくなった。その問題児が面接で「家庭の事情で辞めた」としおらしく言うのを信じて採用した。社長は「自分に人を見る目がなかった」と反省した。

社長は「まだ後始末が残っている」と思った。

もし室井が総評や同盟など労働組合の上部団体に「三友鋼機は不当労働行為をしている」と訴えたら大火事になる。

社長は弁護士と税理士に経緯を説明して「どうしたらいいでしょうか」と対策を尋ねた。

組合対策専門の弁護士でよかった。

「上部団体はお金次第です。先手必勝です。『活動費用の足しにしてください』と金一封包めば、うまくやってくれます」と言う。

社長は中堅社員ひとり分の年収に匹敵する〝費用〟を弁護士に渡した。それ以後何事も起きなかった。後始末がついた。

日本刀事件から半年ほどして室井の横領が発覚した。

経理の女性が社長に報告。室井は〝使い込み〟を認めた。金額は約八十万円。

佐々木は社長室に室井を呼んで言った。

「警察沙汰《ざた》にはしません。この金、返せないでしょ。これを退職金の替わりにします。懲戒解雇ではなく、自己都合退職扱いにします」

室井は頭を下げて部屋を出て行った。そして翌日会社を去った。

課長が部長に言った。

「うちの社長はやさしいですね。最後まであんな奴の面倒を見ちゃうんですから」

「ああ、細かいことをうるさく言う割に、人間尊重の、社員を大事にする経営者だね。室井のような反会社の社員でも居られる会社なんだから」

こんな雑談をしている部課長。

「部下に細かいことをうるさく言うのは君たちの仕事だろう。部下育成は君たちの任務だろう。君たちがしないから仕方なく社長が矢面に立ってしている。室井をのさばらせたのは無責任な君たちのせいだ。社長の品定めなんかしていないで、上司として自分が何をしなければならなかったかを話し合ってくれ」

もしこの会話を聞いていたら、佐々木社長はこう言ったであろう。


和泉守兼定は今も床の間に飾ってある。

江東区で材木商を営む叔父が結婚祝いにくれた。

「これは新選組の土方歳三《ひじかたとしぞう》が使っていたのと同じ刀工の刀だ。家宝になる」

と言っていた。

会津藩お抱えの刀工兼定の作。土方は藩主 松平容保《まつだいらかたもり》からこの刀を授かったといわれる。

兼定は何代にもわたって兼定銘を踏襲しており、十一代和泉守兼定作の刀は何本もある。近藤勇《こんどういさみ》も二本持っていたらしい。また東京都日野市の土方歳三記念館には、土方の愛刀和泉守兼定が飾られている。

よって佐々木大八家の家宝は、土方が手にしていたものではない可能性が高い。

「私は土方の愛刀だと信じています」

と佐々木は笑った。

昭和五十七年、社長になって十七年、四十歳の時であった。

ごたごたがすべて収まった。会社は生気を取り戻した。社員の表情は穏やかになり、売り上げは順調に伸びている。

庭の白い梅が盛りを迎えている。朝の出社前の静かなひとときである。

妻がいれた茶をすすりながら床の間の日本刀を見た。と、突然、ひとり「あっ」と小さく声を上げた。刀が「まだ終わっていないぞ」とささやいたのだ。

佐々木は恥じた。

兼定の力を借りなければ問題を解決できない自分の無力を恥じた。

社員の室井になめられていた。室井は話す時、薄笑いを浮かべていた。

「あなたと私は対等です。私はあなたを上に立つ人と認めていません」

社長を畏《おそ》れていないし、尊敬もしていない。それが態度の端々に出ていた。

佐々木は力でねじ伏せようとした。結果としてうまくいったが、相手を脅して屈服させるあくまで常識外のやり方である。

兼定なしで社員から認められる社長にならなければ……。

佐々木大八は「もっと経営者として勉強しなくては」と思った。人を見る目を養うことはもとより、大局観と先見性を兼ね備えた経営者、豊かな人間性を身につけた経営者にならなくては、と思った。

佐々木は経営書、ビジネス書を読んだ。以前から月一冊は読んでいたが、この時から月最低五冊、ピーター・ドラッカーの『現代の経営』『経営者の条件』やトム・ピーターズの『エクセレント・カンパニー』などの翻訳書を、赤線を引きながら読んだ。飢えた狼《おおかみ》のようにむさぼり読んだ。

倫理法人会に入会し、稲盛和夫《いなもりかずお》の盛和塾《せいわじゅく》、中村功《なかむらいさお》の漁火会《いさりびかい》、鍵山秀三郎《かぎやまひでさぶろう》の日本を美しくする会などの会員になり、経営者としての勉強に励み、また異業種の多くの社長と交流するようになった。

今思えば、この時が一回目の転機だった。この時、竹の硬い節をひとつ乗りこえた。

経営者には成長の節目が二つある。

事業欲が強い人のうち、よく働く人、商売上手な人、運がいい人が会社を大きくする。売り上げ十億円、社員数十人……。大半の人がここで満足して停滞する。頭上にある節を突き破る意欲と情熱がない。

一握りの人が広く深く学んで、大局観と先見性を身につけ第一の節目をこえる。

第二の節目は人材を育て、分身を作り、権限を委譲して、会社を後継者に託す責任を果たした時にこえる。

佐々木は労働争議のおかげで第一の節をこえることができた。

佐々木は社員やお客様そして社会から認められる人間性を身につける、一段上の経営者になる〝自己研鑽《けんさん》〟の旅に出た。

二章　少年期

小さく生まれた。

家族は「無事に育つだろうか」と心配した。

歩くようになると家にじっとしていなかった。裸足《はだし》で外へ飛び出し、放っておけば外の道路へ出てしまう。

兄姉が風邪で寝込んだことがあった。大八はいつもと変わらず活発に飛び回っていた。「この子は小さいが芯《しん》の強い子なんだ」家族は心配するのをやめた。

違う心配が持ち上がった。家を出るとどこで何をしているのか夕方になるまで戻ってこない。〝人さらい〟にさらわれるのではないか、池にはまって死んでいるのではないか、と心配した。

五つ上の姉が世話役になった。学校から戻ると大八を探し歩くのが日課である。

ある日大八は太い長いみみずを大事そうに両手にささげて姉に見せた。姉は「捨てな！」と叫んだ。大八には姉の言葉の意味がわからない。

近付いて姉の目の前にみみずを出した。姉は「キャーッ」と悲鳴をあげて逃げ出した。小学三年生の姉は両親に訴えた。「大八がこんなに大きいみみずを私の顔につけた」

と。

両親はこの件で姉にも大八にも何も言わなかった。やもりでも蛙《かえる》でも平気で手に持つ。何も持っていないと思ったら青いバッタを握っていた。姉は大八が手に何を持っているか警戒するようになった。何も持っていないとわかると大八の手をぐいぐい引いて家に連れ戻した。


小学校に入ると行動範囲が広くなった。川があり、小さい池がいくつもある。三十分歩けば山道に入る。

池では、たも網や四つ手でクチボソ、オカメ（バラタナゴ）、メダカを捕った。川では石をひっくり返してカニをつかまえた。

高学年になってからは釣り竿《ざお》で釣りをした。

水門で釣り糸を垂れていると強い当たりがあった。鮒《ふな》ではない。糸が切れると思った。竿が折れると思った。生まれて初めての強烈な引きである。たも網を入れた。見たことのない魚が入った。重い。上にあげるのがやっとだった。ウロコのない珍しい形の魚である。

バケツに入れて家に持ち帰った。「ナマズだ」と父が言った。父は石の上でなたで叩いた。こなごなになったナマズを母が天ぷらにした。それが食卓に出た。姉たちは気味悪がって手を出さない。父が一番たくさん食べた。大八も一つ食べた。自分の獲物が食卓に載ったことがうれしかった。

山に入ってカブトムシ、タマムシ、カミキリムシを捕った。セミはパチンコで撃ち落とした。木に登って小石の球で撃つ。何匹命中させたかを競い合った。

木登りが得意だった。

同級生の山田君の家の庭に大木があった。その木に登ってみたかった。山田に言うと「僕も登ってみたい」と言う。二人で挑戦することにした。

夕方、登った。下の方には枝がなくて、最初の枝に取りつくまで力を使った。枝が細くなる上の方まで登った。下を見ると地面が遠い。座りのいい枝に尻をつけて上を見た。山田も近くに来て上を見ている。空に月があり、明るい星が光っている。高い所へ来ると星が近く見えることを知った。

大八は〝宇宙〟を感じていた。言葉で表せない初めての感覚である。

「山田君、星が見えるだろ、あの星のずっと向こうにまた星がある。僕たちに見えないけど、そのまた向こうにも星がある。宇宙は無限だ」

山田はいつも無口な佐々木がこんなに長く口をきくのに驚きあきれてその顔を見た。

大八は陶酔の境地にいた。

山田が「降りよう」と催促した。

人はいくつかの〝原風景〟を持っている。

原風景とは幼少期に体験した、その時は何でもないことが、心の奥に深く残って、時折鮮明に想い出される風景である。考え方、生き方に影響を与える場合があり、また懐かしい美しい想い出になるだけの場合もある。

佐々木にとってこの〝木登り〟は、原風景だった。大木の上で空を見上げた時の高揚感が忘れられない。

二十六歳の時、長女が生まれ、里帰りして家族に赤ん坊を見せた。その時散歩して山田の家の前を通った。十五年ぶりに、登った木を見た。

あの大木が縮んで小さくなっている。努力してやっとしがみついた一本目の枝が手の届く高さにある。この木はあの大木の子供か。

そうではない。佐々木が大きくなったのである。当時はクラスで前から二番目の背丈の小さい子だった。今は大きくはないが小さくは見えない平均的な背丈になっている。

子犬にとって人間の大人はゴジラのような怪獣に見えるだろう。それと同じで、少年には登った木が大木と感じられたのである。

三メートル登ったくらいで天まで登った気持ちになった。木を見上げて佐々木は「あんな所でよく宇宙が感じられたものだ」と苦笑いした。

勉強は嫌いだった。小中学校九年間を通して家で予習復習をしたことはほとんどない。

中学の時、担任の先生に呼ばれ「一日三十分、三十分でいいから勉強してね」と言われた。「はい」と答えたが、家で机に向かうことはなかった。勉強ができる子は、運動会の徒競走ではほとんど後ろの方を走っている。大八は走るのが遅かった。勉強ができる子といつもビリを争っていた。

走るのは遅いが大八はすばしこい。

すばしこいとは、状況を見て「次はどうする」「次に何をすればいいか」がパッと頭に浮かび、即行動に移す能力である。〝行動力がある〟とも言う。

サッカー選手は走力とボールをうまく蹴る能力だけでは一流になれない。敵、味方、ボールの状況を見て、自分がどうすればいいかを瞬時に判断して動くことができなければならない。

自分が置かれている状況がわからない人がいる。人に指示されるまで動かない。〝どうすればいいか〟がわからない。災害や事故で真っ先に被害に遭《あ》うのはこういう人である。

バス停に人が並んでいる。バスは遅れている。バスが来た。じいさんが運転手に何か聞いている。こんな時にわざわざ聞かなくてもいいことだろう。

ばあさんがハンドバッグからカード入れを出し、そこにはさんである優待カードを引き出すのに手間取っている。

老人だけではない。女子高生が二人、入口で「あなた持ってないの？」と言ってキャーキャー笑っている。バスはさらに遅れる。

行動力のない人は平気で人に迷惑をかける。行動力のない人は整理整頓ができない。行動力のない人はお客様を満足させることができない。

仕事ができる人に共通しているのは「次にどうすればいいか」の行動力がある点である。


小学校時代の遊び仲間は隣近所に五人いた。少し離れた所を入れると十人いた。大八はそのうちの何人かと毎日遊んだ。

大八は遊びによって知らず知らずのうちに〝社会性〟を身につけた。ビー玉、メンコに熱中した時期がある。勝てば相手のものをもらえる。負ければ取られる。

勝負にはルールがある。

ルールに従って戦う。

家の中の親のしつけのルールとは違う。

大八は勝負にはそれぞれ違うルールがあり、そのルールに従わなければ戦いに参加できないことを学んだ。みんなで話し合ってルールを変えることもあった。

たとえばメンコの「おこし（起こし）」は丸メンでも角メンでも参加できたが、大きい丸メンが断然強いので、角メンの勝負に丸メンは参加できないことにした。

商売も勝ち負けがあり、ルールに従って戦わなければならないこと、話し合いでよりよいルールに変えることができることをすでにこの時期に身につけた。

相撲《すもう》や馬乗り（長馬《ながうま》）、おしくらまんじゅうなどの格闘技の遊びも面白いが、バネ仕掛けの針金の鉄砲に竹の球を込めて撃ち合う戦争ごっこや刀を振り回すちゃんばらが好きだった。

大八はガキ大将ではないが、すばしこいので逃げ足が速くなかなか殺されなかったし、背後に回って体の大きい敵をやっつけたりした。

二組に分かれて戦う。強い子がいるチームが勝つ。弱い子ばかりのチームは負ける。だが三人に囲まれて攻撃されると強い子も負ける。強い子がいるチームがいつも勝つとは限らない。大八はチームの力はひとりの力より強いこと、チームは誰と組むかが大事なことを学んだ。

どっちのチームに入るかはリーダーが決める。リーダーの人選がうまくて力が拮抗《きっこう》すると戦争ごっこは面白い。強弱がはっきりしているとすぐ勝負がついてしまうので面白くない。優れたリーダーがいると子供は集まる。リーダーが凡庸だと遊びがつまらなくなる。

リーダーが小学校を卒業して遊びに出てこなくなった。新しいリーダーが采配《さいはい》を振ったが集団をまとめられない。遊びに熱が入らない。楽しくない。参加者が減った。大八も釣りなどの遊びに方向転換した。

今でも覚えている。あのリーダーの時は夢中で遊んだ。あの人は今どうしているだろう。きっとリーダーシップを発揮する組織の長になっているだろうと思った。

子供同士の遊びの中に大人の全人生の集約がある。

ロバート・フルガムの著書『人生に必要な知恵はすべて幼稚園の砂場で学んだ』が世界で一千万部以上のベストセラーになったのは、子供の遊びが人を育てるという考えに共感する人が多くいるからである。

子供同士の泥まみれの遊びを経験しない人は、大人になってから〝社会性〟を身につけるのに苦労する。仕事をして給料をもらって生活するという初歩の段階さえこえられない。組織の上下関係になじめず、脱落して自分の部屋に引きこもる人になる。

子供同士の遊びが将来その人にどれほど影響を与えるか、それは佐々木大八の歩んだ人生が証明している。

大八はいい少年期を送った。

三章　人に認められる喜びを知った

佐々木家は九人の大家族だった。七番目の末っ子で大八。夕食に大きい鮭《さけ》が一匹。母親が切って焼いて小皿に載せて食卓に出す。末っ子の大八は尻尾の部分。どんなおかずもいつも一番小さくてうまくない。それは当然のことで本人も疑問を感じたことはない。

明治生まれの父親は上下関係にうるさかった。兄姉に「やってよ」と仲間言葉で話すとすかさず父は「やっていただけませんかだ」と注意する。

隣のおばさんが来て「お母さん、いる？」と聞くので「いるよ」と答える。父が部屋の中から「おりますだ！」と大声で怒鳴る。「おります」と言い直す。隣のおばさんは目を丸くして大八を見つめていた。

目上の人に対する態度、言葉遣いでは毎日叱られた。

「上の言うことは素直に聞け」が父の口癖。

よく「石を拾って来い」と言われた。家から離れた所に小さい畑がある。野菜を作っている。小石が多くいくら取ってもなくならない。取った石を笊《ざる》に入れて持ち帰り父に見せる。父は「よし」と言う。大八は庭の隅にその石を撒《ま》く。

その日大八は遊びの切りがつかず夕方畑に行った。父が立っていた。無言で笊の石を投げつけた。体に当たった。逃げた。その背中にまた石が当たった。怒りがおさまらないらしい。父は本気で石を投げ続けている……。

しろと言ったことをしないと父は許さない。父が怖かった。近付かないようにした。中学生になると上のほうの兄は就職し姉は嫁いで家を出た。俄然《がぜん》、末っ子が目立つ存在になった。父の風当たりが強くなった。家にいる時、大八はいつも縮こまっていた。夕食がまずかった。

ともかく厳しい非情な父から離れたかった。

家は山形県境の鳥海山《ちょうかいさん》を望む秋田県南部の由利本荘市《ゆりほんじょう》にある。市内に高校はあるがそこだと家から通うことになる。佐々木は五十キロ離れた秋田市の高校を受験した。落ちた。

仕方なく百キロ離れた能代《のしろ》市の職業訓練校機械科に入った。父から離れるという目的は達成した。

機械科に入ったのは機械いじりが好きだったからである。外で遊んでいる時が多かったが、家にいる時は時計をバラバラに分解し、鉱石ラジオを組み立て、電池の直流モーターで回る風車やベルを作ったりしていた。自分は走るのは遅いし、勉強は嫌いだが手先は器用だと思っていた。機械を操作する仕事ならできるし、イヤにならずに続けられると思っていた。

旋盤機やプレス機操作の腕を磨いた。一年後、三十人の訓練校卒業生は東京や秋田市などに就職先を求めて散って行った。地元能代に就職を希望する生徒は十人。能代には上場企業秋木《あきもく》工業株式会社（通称アキモク）がある。大卒高卒の優秀な人を採用している。その名門に、訓練校は佐々木大八を推薦してくれた。

十人が十人ともアキモクに入りたかったろう。入社したのは佐々木一人。佐々木を認めてくれた人がいる。訓練校の教官は何人もいる。「誰が推薦してくれたのだろう」と考えたが思い当たらない。

これは佐々木が人から認められた一回目の体験である。

生まれて初めて勝った。十人の中で一番になった。この小さいが、本人にとっては大きい一番体験が、その後の波乱の人生を乗り切っていく上でどれほど「俺はできる、俺は強いんだ！」という〝自信〟になったか計り知れない。

入社して新人教育と機械の操作整備修理の技術訓練を三ヵ月受けた。その後見習いで現場に配属された。入社時から率先して雑用をした。始業一時間前の七時に出社し工場と事務所の掃除窓拭き。命じられた雑用としては高い所に張られたカウンターシャフトのギアにオイルをさす、機械を布で磨くなどを真面目に行った。

旋盤操作に慣れて、同僚と精度、速度を競うようになった。器用な佐々木は一年足らずで先輩に負けない腕を身につけた。


入社三年後、工務課配属の辞令が出た。

下請けに仕事を発注するのが任務である。なぜこんな大事な仕事を入社三年の一工員に任せたのか。会社の意向が分からない。仕事は真面目に一所懸命していたが、それだけでは経験のない発注という役に抜擢《ばってき》されるはずがない。もしかしたら口が重くて無駄なことを一切言わないから、下請け対応に適していると上司が判断したのかと邪推したりした。

これが人から認められた二回目の体験である。

確かに下請け会社の社長と対面しても引けはとらない。目に光があり、顔は浅黒く、十九歳の若造には見えない。それに寡黙である。佐々木は発注係として軽んぜられることはなかった。

こうした役職には饗応《きょうおう》や袖の下などの誘惑がついてまわる。佐々木は一度〝すきやき〟をご馳走になったことがあるだけで、誘いはすべて断った。下請けの社長から、融通のきかない固い男という評判を得た。

アキモク入社と同時に能代北高夜間部に入学、四年間、昼間働き夜学ぶ勤労学生の生活を送る。

月給は四千五百円。昭和三十四（一九五九）年当時、大卒の小学校教員の初任給が一万円、東京のテレビ製造工場の中卒女子の月給が四千円だったから、中卒二年目十七歳の給料は妥当なところだろう。

寮生活で家賃食費は安かったが、学校に通っている。給料だけでは足りず、年二回母から仕送りを受けていた。高校二年の冬、母が亡くなった。五十四歳。

父に金の無心はできない。頼んで「よし、分かった」と言う人ではない。自分で何とかするしかない。

定時制高校の授業料は月五百円。これが払えない。金目の物は？　思い切って買った目覚まし時計、千五百円。これを質屋に持って行き五百円借りた。その後この目覚まし時計は勤労学生の窮地を何回も救った。いつも笑って五百円出してくれた質屋のおやじさんと冷たい父親を比べた。

能代の冬は寒い。凍《い》てつく街である。夜九時過ぎ、商店のシャッターは下りている。街灯だけの薄暗い道。歩道は凍っていて足を取られる。寮に戻って食堂へ行く。誰もいない片隅に佐々木の分が置いてある。かぶせてある新聞紙を取ると飯も汁もおかずも冷たい。時にはどんぶりのふちが凍っていることもあった。


貧乏な勤労学生にも春は来る。

高校の同級生の野々宮幸子《さちこ》。佐々木は工業科で野々宮は普通科なので異なる授業が多い。工業科の生徒が普通科の授業に出張してくる。佐々木は背筋を伸ばして、口を真一文字に閉じて先生をまっすぐ見ている。何回かその姿を見るうちに野々宮は好意を抱いた。

夜の九時に授業が終わる。学校を出ると能代駅に向かって県道が延びている。野々宮の父は国鉄職員で能代駅近くの宿舎に住んでいる。幸子は四人兄姉の末っ子。佐々木の社員寮は能代駅のずっと手前で左に折れる。幸子は女友達と一緒に帰る。佐々木は一人で帰る。幸子は友達と話しながら遠ざかっていく佐々木の後ろ姿を目で追う。

ある夜、校門を出たところで声をかけられた。「佐々木さん、アキモクに勤めているんですか」佐々木は「はい」と答えた。頭の中がぐるぐる回り「はい」と返事をするのが精一杯だった。怖いものから逃げるようにすたすたと足を速めた。背中に幸子の視線を感じながら、止まって振り向くことができなかった。

十九歳の今日まで女の子と話したことがない。過去に話をしたことがあるのは母と姉と学校の先生くらいで、女の子と遊んだこともない。

奥手である。奥手の理由は口下手。話ができない。言語不明瞭の域をこえている。どもりではないが、くちを開かずに早口で喋《しゃべ》るので相手は聞き取れない。相手はわかったような顔をしているが返事や応対が合っていないので、わかったふりをしているのがわかる。この劣等感がさらに口を重くしている。

能代は美人が多い。会社の事務員も美人が揃っている。色白で鼻筋が通って目元口元がきれいである。幸子はまだ十七歳だがはっとするほど顔立ちが整っている。授業ではよく質問し発言する。男子生徒はみな密かに憧《あこが》れている。

その幸子が声をかけてきた。佐々木は自らチャンスを逃した。何と意気地のない男だと自分を責めた。よし、今度逢《あ》ったらこっちから話しかけよう！

校門の陰で待った。幸子は友達と一緒だった。前へ出ていけなかった。口が開かなかった。幸子は佐々木がいるのがわかり、二、三歩少し跳ねるように歩いて友達と去っていった。話さなくても心は通じる。

何回も待ち伏せした。ある夜幸子がひとりで門を出てきた。

「こんばんは、君の家はどのへん？」

「こんばんは、駅の向こうの国鉄の官舎です」

これから長い道程があるが、これが二人が結ばれる恋の始まりだった。

野々宮幸子は佐々木を選んだ。意志の強そうな不屈の面構え、色白の坊っちゃんとは正反対のたくましい生命力、そしてその奥にひそむあたたかい人間味、こうした〝男の魅力〟を感じて心を寄せたのだ。

これは佐々木が人から認められた三回目の体験である。

人の生きがいは人によって違う。いろいろある。その中で誰もが求める生きがいは「人に認められる、人から信頼される」であろう。

恵まれているとはいえない境遇にあった佐々木が十九歳にして人から認められる体験を三回もした。

前途に明るい光が差し込み始めている。

四章　野心

下校時は待ち合わせて毎日一緒に帰る。日曜日は喫茶店でお茶を飲む。野々宮の家に招かれて何度も食事をご馳走になった。

野々宮家は長女が嫁いで家を出たので五人家族。父母子供が平等で友達同士のように話をする。明るくて、屈託がない。みなが勝手に自己主張するのでまとまりがない。

末っ子の幸子がボーイフレンドを連れて来ても、両親は男の品定めをするわけでもなく、歓待する。これを民主的仲良し家族というのだろう。佐々木は自分が育った家庭とあまりにも違うので戸惑った。

二つ年下の恋人を得た佐々木は有頂天だった。

一緒に歩いていると、高校の国語教師に出会った。教師はニヤニヤ笑いながら「おっ！　いいね、お二人さん、初恋は必ず壊れるって知ってる？　うまくいかないよ。別れるよ。今から覚悟しといたほうがいい」と言った。二人はお互いの顔を見てうなずきあった。

もっと深く幸子に信頼されたいと思った。金を稼いで力を見せたいと思った。独立して商売をする。アキモクには機械一台で仕事を受けている下請けが何人もいる。それでも今の自分の給料の何倍も稼いでいる。六尺旋盤を一台買おう。中古なら十万円で手に入る。小屋を建てよう。屋根があればいい。

会社の先輩にこの話をすると、仕事をまわしてくれると言う。さて十万円と小屋代はどうやって作るか。貯金はない。製材業を営む父親は商売が下手で当てにできない。今年、水害で川べりに建てた工場がやられて大損を出した。金を出してくれと言える状況ではない。十万円くらい投資してくれる可能性はなくはないが、父のそばにいるのがいやで能代に来た。頭を下げる気になれない。父も「甘ったれるな！」と怒鳴りつけるだろう。

この計画は無理があるか……。金も大事だが独立して成功するには言語不明瞭という欠点を直さなくてはならない。喫茶店で飲み物を注文するということさえためらって、幸子にしてもらっている。説明説得ができないのでは商売にならない。

二十一歳で高校卒業。「待っていてくれ」と幸子に言い、会社を辞めて能代を発《た》った。姉を頼った。姉の夫は材木商をしている。その義兄が佐々木を気に入ってくれた。東京に本社のあるS社の千葉県市原《いちはら》営業所に就職を斡旋《あっせん》してくれた。営業職。扱う商品は高圧ガスや熔材《ようざい》。近隣の会社、工場に売る。毎日お客様にセールスして歩いた。口を開けて話す時間が能代の時の十倍になった。顎《あご》の筋肉が人並みになった気がした。

一年後、結婚式の日取りを決めて能代から幸子を呼び、五井《ごい》の神社で式を挙げた。身内十人の質素な式である。もちろん新婚旅行はなし。佐々木大八二十二歳、幸子二十歳、昭和三十八年の秋であった。

幸子と所帯を持って佐々木の企業家精神に火がついた。その火が燃え上がり始めた。

自分で商売をしたい。独立心は日に日に強くなった。六尺旋盤計画で、独立には人の協力と元手が必要だということを学んだ。元手は叔父や幸子の親に頼めば出してもらえるかもしれない。父なら「甘ったれるな」と突き放すだろう、佐々木はこの時父の考え方をよしとした。一から人を頼ってはいけない。これから人の力を借りなければならない時が必ず来る。そうした時のために今は自分ができることをする。焦らずに元手のお金を貯めよう。幸子も近くの工務店の正社員事務員として働き始めている。

営業所長は裏表がはげしい。部下がみな若いせいもあるが、態度が横柄で挨拶返事をしない。数字だけ見ていて、部下の仕事ぶりには関心がない。自分の自慢ばかりする。本社から営業部長が来るとぺこぺこゴマをする。見苦しい。部下は内心軽蔑し嘲《あざ》笑《わら》った。

佐々木は飯島、佐竹と気があった。三人は五井の駅裏の居酒屋でよく飲んだ。「あんな奴にはついていけない」という所長の悪口を肴《さかな》にした後は、ここにずっといるつもりはない、儲《もう》かる話はないか、何か一緒にやらないかという話になる。勤めて二年近くになる。

昭和四十（一九六五）年、三人は会社を辞めた。一人十五万円出資して資本金四十五万円の有限会社三友《さんゆう》工具を設立。佐々木二十三歳、飯島二十五歳、佐竹二十七歳。

S社は工場向けの多様な商品を扱っていた。工具はそのスキマであった。会社を辞めて同じ商品を同じお客様に売れば、会社は妨害に出る。新参者は潰される。S社が力を入れていない工具類なら値段が安く、商売のうまみも少ないので問題視されないだろう。

三人の目論見《もくろみ》は当たり、商売は順調にスタートを切ることができた。

三人は店でお客様を待っている店員ではない。カタログを持って訪問する営業マンである。S社の顧客を回った。新規開拓をした。工場各部門長に挨拶回りをした。注文が取れると現金を持ってメーカーに仕入れに走った。

若い三人のやる気とエネルギーでお客様が増え、売り上げが上昇した。

会社らしくなったのは〝何でも屋〟に変わってからである。まわりに競合する同業者は多かった。ほとんどが父ちゃん母ちゃんの金物屋である。店中に商品を積み上げ、客が来ると薄暗い奥から主人が出てくる。お客様の注文に「さあ、あったかなあ」と棚を探し回る有様で商売っ気が感じられない。

若者三人の三友工具は活気があり、後発だが売り上げは伸びた。

勝敗を決したのは工具だけ販売する個人商店から総合商社への転身である。「掃除機置いてない？」「エチルアルコールある？」「ペンキがほしい」こうしたお客様の声に耳を傾け、他に先駆けて間口を広げた。お客様は工業地帯の工場である。工場で使うすべてのものを扱おう！　こうして「工場向けコンビニエンスストア」が誕生した。三友工具近辺の単品販売の個人商店や金物屋は次々に店を閉めた。店にひっきりなしに客が訪れ、事務の子を入れ配送の運転手を入れた。三人は有頂天だった。

当初、最年長の佐竹が社長になった。佐竹は数字に弱く、主婦の家計簿も読めない。売り上げ、入金、出金の日計表が付けられない。半年で音を上げて辞任。代わって飯島が社長になった。

昭和四十二（一九六七）年　君津《きみつ》営業所開設、担当は佐竹。

昭和四十四（一九六九）年　鹿島《かしま》営業所開設、担当は佐々木。

飯島は佐竹ほどではないがやはり数字が読めない。資金繰りができない。出金の予定を無視して手元にお金がいくらあるかしか頭にない。

業績が順調に伸びているので気が大きくなっている。知人に頼まれて一千万円を貸した。そのため資金繰りがつかなくなった。佐々木は市原に行って応急処置をほどこし、その後市原に常駐することになる。

昭和四十七（一九七二）年　三人で協議の末、それぞれ独立してやっていくことにした。市原の社長佐々木、君津の社長飯島、鹿島の社長佐竹。

やはり佐竹は経営ができず、佐々木にすぐ助けを求めてきた。佐々木は市原と鹿島の両方を経営し、佐竹は専務として佐々木の部下になった。

売り上げは十億円近くになっている。


君津は大工場が多く商圏が広い。好調に売り上げを伸ばしている。社長の飯島は自信満々。顔の色つやもいい。

飯島はだんだん朝の出社が遅くなり昼頃来ることもある。夕方になるとソワソワして事務員より先に退社する。遊び第一仕事第二なのである。

佐々木は変わらず朝六時には出社している。そのため社員の出社も早くなってきている。朝の佐々木の日課は掃除である。店や車だけでなく、庭や道路も毎日掃除する。

市原店と鹿島店はいつも清潔で明るい。お客様に対する社員の応対も礼儀正しくテキパキしている。

君津店は陳列棚の商品にほこりが見えるまでになった。客が減り売り上げが減りつつある。
それでも三人は連れ立ってよく遊んだ。佐々木も付き合うが、連日では付き合いきれない。毎晩夜中まで遊んでいれば朝五時前に起きて六時に出社ができなくなる。佐竹と飯島に自分と同じ働きは期待できない。だが、いないよりいてくれたほうがましだ。佐々木はこう割り切って二人を許した。

こんな佐竹と飯島になぜ佐々木はもっと厳しくできないのかと思うだろう。二人は一緒に始めた共同経営者である。それに二人以上に仕事に精通している社員はまだ他にいない。

さらに佐々木は〝目上を尊重する〟道徳を身につけている。父親は〝上下関係〟にうるさかった。一日でも上の人は目上として敬えと言い、自ら行い、子にも強要した。佐々木は相手が誰であれ年上というだけで頭を下げて従った。

佐竹と飯島は佐々木より年上である。二人が会社に損失を与えることをしても強くは出なかった。

年上の部下にどう対応すればいいのか、悩んでいる社長や上司が少なくない。部下であっても名前は呼びつけや「君」付けではなく「さん」付けで呼ぶ。「です」「ます」の丁寧な口調で話す。ここまでは共通してできている。

ここからがばらばらになる。たとえば年上の部下が出社してきて、小さい声で挨拶した。若い部下なら「聞こえないよ！五倍の声を出せ、やり直し！」と叱る。

年上の部下に対して丁寧な言葉で「聞こえません、五倍の声を出してください、もう一度やり直してください」と即座に注意する上司はまれである。気付かない振りをする。遠慮して何も言わない。後でさりげなく「おはようございますの挨拶の第一声は自分だけでなくみんなを元気にするから大事ですよね」と遠回りに諭したりする。

年上の部下指導は難しい。

年上の共同経営者に厳しく指導できない佐々木を責めるのは酷というものだ。

五章　運がいい男

昭和四十八（一九七三）年、会社は八年目を迎え、売り上げは順調に伸び、社員は十五人に増えた。

予期せぬ出来事、オイルショック。サウジアラビアなど産油国がいきなり石油価格を七十パーセント値上げした。これにより世界経済が混乱。トイレットペーパーの買い占めは笑っていられたが、お客様である工場の生産縮小と省エネ推進による注文のガタ減りと仕入れ値の高騰には青くなった。

佐々木は先を見て準備しておく用心深い男だが、この時ばかりは心細かった。お客様の工場は生産を控えて石油の値下がりを待っている。店にお客様が来ないのだ。注文取りに歩いても毎日空振り。

貯金が底をつきそうになっている。地元の地銀に融資を頼みに行った。お金を借りるために銀行に出向くのは佐々木には初めてのことである。三千万円の運転資金。いつも「地元を応援します、何でもご相談ください」と言っていた地銀である。毎月バイクでやってくる外回りに言うと、「融資担当者に言ってくれ」とそそくさと帰って行った。

地銀の融資担当者の前に座った。カウンターが高い。そんなに高くはないのだが、この時の佐々木には高い壁に感じられた。裁判官の前の被告になった気分である。「融資は難しい」と言う。こんな時に力になるのが地元密着の地銀の使命だろうに。佐々木は「もういい」と席を蹴った。

銀行の貸し剥《は》がしがニュースになっている。これで倒産した会社が何社もある。佐々木もそれは新聞で知っていた。

怒って帰って来たがお金は借りられない。借りられなければ三ヵ月後は資金ショートして会社が危ない。どの銀行も貸し渋り方針で門を狭めている。

ふと思いついて、隣町の都市銀行の支店に出向いた。一通り説明を聞いた融資係は「わかりました。この書類を五日までに出してください。それから一週間以内に振込みます。よろしいでしょうか」と言った。何度も頭を下げて頼む覚悟でいたのが拍子抜けした。あっけなかった。

融資係が言った。

「佐々木さん、商工会で有望な若手経営者としてあなたの名前があがっていました。今日会えるのを楽しみにしていました。こんな時期ですから融資は制限されています。

誰でも融資するわけにはいきません。会社は経営者しだいです。あなたなら大丈夫と判断しました。これからもよろしくお願いします」

帰り路、佐々木は感動していた。昔、銀行は人を見て貸すといわれた。その人の人間性や考え方を見て判断するといわれた。そんな銀行員がまだいたのだ。融資担当者が渡辺さんでよかったと佐々木は思った。

資金繰りのあてがついたのがうれしかった。それ以上に自分を認めてくれる人がいることがうれしかった。

三十歳までの人生を振り返ると、生まれてから今までずっと運がよかった。

第一生まれたことが運がよかった。過去に、生まれてすぐ兄が一人なくなっている。親は六人いればもう子はいらないと思っていた。できてしまったのが七人目の大八。あまり歓迎されずにこの世に生を受けた。オギャーと泣いてしまえばこっちのもの。母や十五歳年上の長兄などの兄姉にかわいがられて育った。

第二に思う存分遊ぶことができた。父の仕事の手伝いや家の用事はみな兄姉がした。末っ子の徳である。一年のうち半分は裸足で駆け回っていた。魚釣り、虫取り、きゅうりやトマトの盗み食い、そして仲間とのさまざまな遊び。スポーツ選手になる能力はなかったが、遊びは骨と筋肉と精神を強くした。孤独なオタクや引きこもりと正反対の社会性のある行動する人間に作りあげてくれた。

第三にこれは小さな幸運だが、カナヅチがなおった。田舎の子はみな泳げる。兄姉も全員泳げる。大八だけ泳げない。ある夏の日、友だちと川に入った。浅瀬にいたがはしゃいで深みにはまった。水をのんで溺《おぼ》れた。息ができない。もがいて手足をばたつかせた。運よく浮かんだ。この時から水が怖くなくなった。友達が「お前、泳げるじゃないか！」と驚きの声をあげた。

第四に中学卒業後、能代に出たのがよかった。職業訓練校は大八を名門秋木工業に推薦してくれたし、夜間高校ではアキモクに勤める優秀な青年だと知って、生涯《しょうがい》の伴侶となる野々宮幸子が心を寄せてきた。

第五に姉の夫が、能代を単身出てきた二十一歳の大八を快く迎え、就職から結婚の世話までしてくれた。この姉と義兄がいなかったら、道はもっと険しかったであろう。

第六にS社市原営業所に勤めたのが幸運だった。海辺に京葉《けいよう》工業地帯が広がっている。石油コンビナートや火力発電所などの大工場が並んでいる。S社のお客様でもあったが、三友工具の上得意客になってくれた。当初の店が市原市の姉ケ崎《あねがさき》でなかったら商売はうまくいかなかったであろう。ここが本拠地だったから後の営業所展開が順調に進んだ。

第七に事業を始める協力者がいた。佐竹と飯島という共同経営者がいたことは営業力のうえでも精神面でも心強かった。三人で出発したから勢いがついて、わずか三年で「工場向けのコンビニ」として固い地盤を作ることができた。

第八にまだ会社設立三年目の昭和四十三年、長女ユミが、昭和四十六年長男大助が誕生した。妻幸子は母となり大八は父となり家族の長になった。こんなことは運がいいとはいわないと言う人がいるが、大八は「自分は何と恵まれた幸運な男だ」と思うのである。

第九に鹿島営業所の開設。茨城県の鹿島工業地帯は京葉工業地帯につぐ大工業地帯である。京葉の大工場の担当者が鹿島に異動した。当時はパソコンやスマホがない。注文は電話のみ。あとは自分で店に買いに行くか、営業マンに来てもらうかである。担当者は市原の何でもすぐ揃《そろ》う〝工場コンビニ〟が気に入っていた。遠くなって不便でならない。「近くに丁度いい土地がある。こっちに店を出さないか」と持ちかけた。三友工具は開設四年目で売上げは一億五千万円、人もいない。いい話だが少し早い。佐々木は「こんなチャンスをものにできないようでは将来はない」と決断した。佐々木自身が鹿島店の所長になり、当初は姉ヶ崎の自宅から毎朝六時に出勤した。

翌五年目の決算で売上げは五億七千万円。後々いくつも営業所を出すが、この鹿島の成功が右肩上がりのしっかりした土台になった。運のいい男の期を画する決断であった。

第十につくづくいい妻を娶《めと》ったと思う。よく気がつき労を惜しまない。家事育児は文句のつけようがない。鹿島営業所は開店したばかりで募集しても電話番が採用できない。佐々木は思うように営業に動けなかった。事情を知って妻が代役を果たした。生まれて半年たたない赤ん坊を乳母車《うばぐるま》に乗せ、それを机のそばに置いて電話を取った。事務員を採用し、仕事を教え、自分がいなくても回っていくようになるまで出勤した。他社の事務員として一年勤めただけの妻の無駄のない報告とテキパキした仕事ぶりに佐々木は舌を巻いた。まだ二十五歳のこの妻を得た自分は運がいいと思った。

そして今、地銀が断った融資を都市銀行が快諾してくれたこと。信用も実績もない三十歳の男を、将来大成すると見込んで融資係の渡辺さんは貸してくれた。佐々木はこの人の期待を裏切ってはならないと強く思った。

運がいい人はいつも運がいい。これからも幸運が続く。銀行の帰り道、佐々木は空を見上げてそう思った。

人生は、手にした運の目方の総量で幸福と不幸、成功と失敗を計ることができる。重い人と軽い人がいる。軽い人は運をつかみ損ねてきた。「幸運の女神には後ろ髪がない」というギリシャのことわざがある。ほほえみを浮かべて女神がやってくる。通り過ぎた。後から追いかけてももう遅い。「あの時こうすればよかった」と後悔しても始まらない。

重い人は何度も女神の前髪をつかんだ。

運は人が持ってくる。人に認められる。人が協力してくれる。人が助けてくれる。「この人のためなら」と惜しまず力を貸してくれる。

運をつかむ力とはどういうものか。特別なものではない。人が信頼する誠実な人柄、人に愛される人間的魅力、何事にも一所懸命取り組む姿、人を思いやるやさしい心、こうした優れた人間性を持つ人に女神はほほえむ。

経営者として成功する人は運をつかむ力がある。佐々木はこの力を授かっていた。

六章　細かくうるさくしつこく

社員が五人の時から細かいことをうるさく言った。

共同経営者の佐竹と飯島には遠慮して注意しなかった。何事にもだらしなく締まりがない二人には気付いたことをその都度言えばよかった。二人は「若僧が生意気に」と背を向けたかもしれないが、指摘されたことは頭に残る。次にはその言動を改めたかもしれない。二人のわがまま勝手を黙認した。三友がもろくも瓦解《がかい》したのはこれがひとつの原因ではないかと佐々木は反省した。

事務の女性と配送営業の男性はうるさい社長によく耐えた。

朝の掃除の時。ぞうきんの絞りがゆるいと「もっとギュッと絞って！」と言い、「こうだ」とやってみせる。「背中が丸まっている」「靴の紐《ひも》！」「机は書類を片付けてから拭《ふ》きなさい」。

駐車場では「草は根っこから抜くんだ、こうやって」「ほうきは立てて掃く」「首のタオルが汚い」。

お客様に対する口の聞き方、おじぎの角度、顔の表情までいちいち指摘する。社員は言われたことは直す。それでもまた違う注意を受ける。

労働組合を作った室井を毎日注意した。服装身だしなみ、歩き方や姿勢を注意した。

同じ注意を何度もした。室井は会えば必ず何か言われるので社長を避けて仕事をしていた。そして反旗を翻したのだった。

家庭のしつけがなっていないからだ、親が子をしっかりしつけていれば、細かいことをいちいち言わなくても済むのにと佐々木は思う。

子供の頃「勉強しろ」と言われたことはない。散らかしていて「片付けなさい」と言われたこともない。よく言われたのは「元の所に戻しなさい」である。道具でもおもちゃでも使ったら戻す。食事がすんだら茶碗《ちゃわん》と箸《はし》は台所へ運ぶ。

母親は乾いた洗濯物を廊下に放り出す。子供は自分のシャツやパンツをたたんでたんすの所定の場所に入れる。兄姉が皆しているので大八も同じにした。

佐々木家はやりっぱなしと中途半端を嫌った。何事も自分の責任で始末をつける家風があった。

「仕事は始末が大事だ。後始末ができない人で仕事ができる人はいない」と佐々木は言う。

先生と呼び尊敬し、その人が主催する勉強会に熱心に参加していた。

ある時銀座の先生の事務所に寄った。事務員が留守番していた。大して広くない床一面に書類が散らばっている。足の踏み場がない。隅の方の書類はホコリをかぶっている。「いつもこうなんですか？」事務員は「えっ、何か？」と怪訝《けげん》な顔をした。佐々木は先生の勉強会を退会した。

社員が増え規模が大きくなると〝探す〟時間が長くなる。上司に「Aを持って来てくれ」と言われてすぐ持っていけない。「あれ、どこだっけ」と引き出しをかき回す。多くの社員が物や書類を探している。

〝探す〟は仕事ではない。それが仕事をしているように見える。仕事をしている気になる。放っておけば生産性がグングン落ちる。

無駄が目立つ事務所に「整理整頓」の張り紙をし、5S運動を始めたりする。三友鋼機はそうしたことはしない。規模が小さい時から社長が後始末すなわち「戻す」を徹底してきた。

社長が指摘してきたことはすべて「戻す」である。

使った道具を戻すだけが戻すではない。基本に戻す、正しい形に戻す、あるべき姿に戻す。

見ていて聞いていて「おかしいな」「変だな」「不愉快だ」と感じる。感じたら即行動。「遅い！　二倍速く歩け！　走れ！」「暗いな、電話は明るい声で。高い声を出してごらん。そうそうその声がいい」。

勘違いもある。室井がガムを噛《か》みながら仕事をしていた。「室井君、ガムなんか噛んでるんじゃない！」「噛んでません」室井は口を開けて示した。社長を引っ掛けてやろうとしたのだ。社長は怒鳴りつけた。「そんな牛みたいな口の動かし方するな！気持ち悪い」　自分のおかしい、変だ、不愉快だ、の感覚を信じて一貫して細かいことをうるさく言ってきたのである。

「息子が三友鋼機に入ってから、親に挨拶するようになり、掃除など手伝いもするようになり態度がよくなりました。感謝しています」という手紙が届く。

同じような電話をもらう。自分がしてきたことが間違っていなかったと知る。複雑な気持ちになる。親が子に基本的なしつけをしていれば、社長が口うるさく言わなくて済むのにと。

かつては武家だけでなく商家でも農家でも、貧しい家でもしつけは行われていた。名前を呼ばれたら、呼んだ人の方を向いて「はいっ」と返事をする。親に用事を頼まれたら「はい、かしこまりました」とお辞儀をして受ける。分からないことは質問する。親には朝は「おはようございます」夜は「おやすみなさい」と挨拶する。親でなくても目上の人の言うことはよく聞く。掃除や片付けなど、親の手伝いは言われなくてもする。

いつ頃からかこうしたしつけが行われなくなった。そのため高校や大学を出ても、人としての基本が身についていない、社会人として半人前の、会社に入ってからも使いものにならない社員が大量に発生している。

三友鋼機に入った人は幸運にもその欠点を矯《た》め直され一人前の大人になることができた。

営業部長の春田孝治が言う。

「しつけという点で社員の中で一番叱られたのは私でしょう。本当に箸の上げ下ろしからいちいち注意されました。茶碗を片付けるために台所へ行こうとすると『口にものを入れたまま歩くな、食べ終わってから立て』と言われました。『眼鏡のフチの色を変えろ』とまで言われました。前に後藤清一《ごとうせいいち》の『叱り叱られの記』という本を読みました。松下幸之助《まつしたこうのすけ》が課長をガンガン叱ってついに失神させてしまうという話があるんですが、あれと同じです。社長は鬼の形相で叱る。これに耐えられずに何人も辞めていきました。私は社内で一番叱られた社員だと思います。しかし私は社長のやさしい一面を知っています。私と家族を支えてくれた恩人なんです。だからいくら叱られても辞めようなんて思ったことはありません。今、私は社長のような厳しさとやさしさを備えた人間になる努力をしています」

家庭でしつけが行われなくなったから、会社が社員にしつけ教育をしている。基本に戻す、正しい形に戻す、あるべき姿に戻す、そのために細かくうるさく指導していると前述した。

言い方を変えると、親がしつけをしないから、仕方なく会社がしている。親の無責任を会社がカバーしている。会社の負担は小さくはない。ならば親の再教育をしなければならない。

親は子にひとりで物が食べられるようにし、ひとりで歩けるようにし、言葉を教える。それからしつけが始まる。「いただきます」「ごちそうさま」「おはよう」「おやすみ」の挨拶、「はい」という返事。親が手本を示して見習わさせる。もうこの入口からできていない親がいる。

子が何をしても注意しない、叱らない親がいる。電車やバスで傍若無人に騒いでいる子がいる。親は仲間とお喋《しゃべ》りしている。「静かにしろ！」と職人らしい男が言う。子は固まって静かになる。母親は子を注意しなければならないのは自分だと思っていない。男やまわりに「すみません」と謝り、子の頭にゲンコを食らわすのがまともな親だろうに、男を憎々しげに睨みつける。子をしつけられない親である。

社会を知らない子にとって、親は社会を代表する教育者である。親が「いかん」ということとは社会が「してはいけない」と言っていることである。親とりわけ父親は子から尊敬され、畏れられる存在でなければならない。親の言うことは絶対でなければならない。

社会的地位は高いが家庭での地位が低い親がいる。医師、教師、弁護士などに多い。平等民主主義を信奉しており、家庭で親子平等を実践する。幸子の家庭がそうだった。

一時〝友達親子〟が社会現象になったことがある。父親と息子が友達のように手をつないで歩く。商店のおばさんは「いいわねえ」とほほえむ。

中学生になり怖いものなしの子はわがままになり、親に命令するようになる。親が従わないと暴力を振るう。そういういくつかの凄惨《せいさん》な事件があって、友達親子は最悪の結末を迎えるとわかった。

友達親子は廃れたが、子になめられるやさしい親は増えた。佐々木はそれを憂いている。

平成十二（二〇〇〇）年、会社は給与賞与の振り込みをやめて現金支給にした。社員は家族の前で妻や親に給料袋を渡す。妻は「ありがとう」とか「お疲れ様」と頭を下げる。子もつられて頭を下げる。こうした効果を狙った。形が大事だ、形を作ればだんだん中身ができてくる。父親の権威を取り戻すための現金支給であった。

課長の一人が言った。

「毎月、給料日に小遣いを受け取っていました。いつからか妻は自分のお金を私にくれるという上から目線の態度になっていました。足りない時に前借りを頼む。私は卑屈になり、妻は横柄になる。給料の現金手渡しになってから、私と妻のこうした妙な心理状態がなくなりました。社長、ありがとうございます」

新入社員の初めての給料に仕掛けをした。マニュアルどおりに行うセレモニーにした。

「お父さん、お母さん、お座りください。今まで〇〇年間育てていただきありがとうございます。今日、三友鋼機に勤めて初めて給料をいただきました。四月一日から十五日までの、これが全額です。どうぞお受け取りください。これからも一所懸命親孝行しますからよろしくお願いします」

給料袋をそのまま渡す。母親が泣く。父親は戸惑い照れる。父親が給料袋を開け札を数え、「ありがとう。ではこれだけいただく。これから毎月これだけ入れてくれればいい」と二万円受け取って残りは子に返す。

この儀式は「親孝行月間」の行事である。親に対する感謝の心を養うのが目的である。

そしてもう一つ親が「自分は子を立派に育てたろうか」と反省してくれることを促

すのが目的である。

もちろん、佐々木の会社の社員は、男性も女性も親となって子を育てる時期になって、子を甘やかしてわがままを許す人はひとりもいない。

七章　家族主義

世の中で一番嫌いな人は父親だった。

父が六十四歳で亡くなった。二十一歳の時である。

この時から父に対する見方が少しずつ変わり始めた。その後、経営者として経験を積むうちにその見方は大きく変わっていった。

愚かの舟を乗り捨てて
ひとり立つんだ　らしく行け
父に背いた純情を
悔やんで戻る時はない

酒席で社員が歌っていた歌のこの歌詞は佐々木の心情をそっくり表現していると思った。

一緒に遊んでくれたことがない父、何も買ってくれなかった父、言うことをきかないと石をぶつけた父を子供心に恨んだ。それがまだ社会を知らない〝子供心〟だったことが今は濁った水が澄んでいくように理解できた。

昭和五十五（一九八〇）年、社名を株式会社三友鋼機に変えた。

社名を変えるきっかけは飯島の退職である。

君津店は売上げが伸び、社員が十人になり好調だった。この好調が災いした。遊び好きの飯島の遊びのタガが外れた。見たところやさ男で如才ない。それに財布は分厚い。近隣の花街の芸者が道行く飯島に「あら、いいさん、今度いつ?」と声をかける。飯島は社員に「俺の名前を二百人の芸者がみな知っている」と自慢した。

目立ちたがり、出たがりの飯島は木更津《きさらづ》市の市会議員選挙に立候補した。佐々木は応援した。当選した。「もてる男は得だなあ」と思った。交際範囲が広がりますます金遣いが荒くなった。次の選挙も当選。何といっても二百人の芸者が応援している。

毎晩芸者遊びで会社はほったらかし。社員が辞め、売上げが低迷し、仕入れ代金が払えなくなった。銀行の不渡りをくらった。個人の借金もかさんでおり、飯島はついに〝晴れ舞台〟から姿を消した。

君津という最高の立地での三友工具の拠点の低迷は、飯島という経営者失格者に全責任がある。

一緒に始めた飯島が去った。社名は三友ではなく佐々木工具がふさわしいが、この社名では会社が小さくなったように見える。

そこで三友を残し、工具を鋼機と広い範囲の重厚な商品を扱うイメージに変えた。

昭和五十八（一九八三）年、労働争議解決の翌年、正気に戻った社員が「佐竹は陰でまだ〝労働者の権利〟などと言って煽動《せんどう》している。会社の空気が汚れるし仕事にならない。何とかしてくれ」と言ってきた。

調べると事実であり、当人は仕事をさぼって組合の会合に出ている。名前だけだが役職は専務である。専務が社員に迎合し、反会社の考えを煽《あお》り立てるとは救いようがない。

佐々木は佐竹を呼んで「退職金として二千万円出すから辞めてくれ」と言った。佐竹はその金額が予想をはるかにこえていたのだろう。「わかりました」と頭を下げた。「いっぺんに払えないから三十万円ずつ月賦で払う。それでいいか？」佐竹は「はい」と、もう一度頭を下げた。

あの労働活動家の室井が会社を潰そうとし、さらに会社の金を横領したが、佐々木は横領額を退職金替わりにして穏便にすませた。

佐竹にも同様である。

佐々木はだめな社員に甘い。最後まで面倒をみる。

その後もこうした〝事件〟は何度もあった。

経理財務の責任者の石坂部長が言う。

「上も下もみんなが解雇してくれと言う。明らかに会社に損害を与え信用を傷つけている。金の公私混同、女の問題、卑劣な部下いじめ。佐々木はその事実を認めさせ、認めたうえで庇《かば》う。その幹部に生き残る道を与える。条件は悪くなるがそれで生き残った幹部もいる。佐々木のこの姿勢は一貫していてブレがありません」

この頃から佐々木の〝家族主義の経営〟が形を整えてくる。

かつてトヨタのアメリカ人女性取締役が大麻所持で日本で逮捕された。

トヨタの社長がテレビで答えた。

「家族ですからしっかり守ります」

守れず取締役は有罪になった。この事件を「どうなるか」と眺めていた人々は、大企業トヨタの社長が「全社員が家族、家族を守り家族を幸福にするのが社長の使命」と言い切ったことに感銘を受けた。

日本的経営の柱の一つに〝家族主義〟がある。

元々会社は親と子と兄弟で行っていた。血縁者の「運命共同体」だった。つながりと結束が強く、それが商売の力になった。

その結束が弱くなったのは、会社に資本家と労働者という対立が発生してからである。ヨーロッパでは百五十年前、日本ではつい百年前。それ以降会社は契約と組織とお金で動くようになった。

そうした流れの中に「会社は一つの家族だ」という信条の佐々木やトヨタの元社長、豊田章男《とよだあきお》のような経営者がいた。この二人だけでなく日本の優良企業の経営者の多くが同じ信条の持ち主である。

「社員はわが家族、社員の家族もわが家族」と佐々木は言う。こうした信念はどのようにして培われたのか。

その源は自分が育った家庭にある。父母兄姉と過ごした少年の時にある。

父は厳しかった。母は父にかしずいた。子は父の言うことに逆らえなかった。父は明治三十三年生まれ、母は明治四十年生まれである。

明治三十一（一八九八）年の民法で〝家長制度〟が規定され、一家の主人である家長の権限と長子相続制が法文化された。

これ以前の江戸時代にも家長制や長子相続制は慣習として誰も疑問を持たずに行われていたが、それを法として制定したのである。

家の存続と繁栄、子供の教育の責任を家長が負う。その責任を果たすために家族を統率し指導する強い権限を与えるという法である。

家族とは一つの屋根の下でみなが一緒に食事をするという日常生活で成り立つ。そこに情による深い結びつきが生じる。他人にしつけはできないが、親は子にしつけ教育できる。家風、伝統、歴史の教授もできる。

佐々木は父の冷たい仕打ちを受け、父親を憎んで能代へ逃げた。今になって子に嫌われても正しいと思うことを貫き通す父を偉かったと思う。子の機嫌を取ったり、子に迎合して甘やかしたりすることがなかった父を立派だったと思う。

家長は家族を守り育てる責任がある。この責任を放棄して子を自由気ままにさせたらどんなに楽か。「やさしいお父さん」とどんなに慕われるか。それをすれば落第である。だからこの責任を果たすために子に強制的に言うことをきかせる。

『教育勅語《きょういくちょくご》』は天皇陛下が国民にこうあってほしいという思いを語った言葉である。明治二十三年から昭和二十年まで五十四年間、日本人は学校教育を通して〝道徳の規範〟として教えられた。

勅語は憲法でも法律でもない。天皇の意思を表す〝お言葉〟である。守らなければ罰せられるものではない。しかし国民はよくこれに従って自己を律した。この時代、日本が世界から尊敬される国になることができたのは、この勅語の力があったことを忘れてはならない。

畏れ多いことだが、この勅語に一語つけ加えたい。

「父母に孝に、兄弟《けいてい》に友《ゆう》に、夫婦相和《あいわ》し、朋友相信《ほうゆうあいしん》じ」とある。身近な人とはこのような精神態度で接しなさいという教えである。

私を中心とした場合、身近な人との関係が一つ忘れられている。

それは子供との関係である。子にはどのように接すればよいかのお言葉がない。

「朋友相信じ」の後に「子弟を愛し」と加えるといい（この場合の弟は弟子、部下である）。小学校の子供に教えるのだからこれはいらないと言うなら「夫婦相和し」もいらない。親が子を愛すのは人間だけでなく、生き物の本能のようなものだから、改めて言うまでもないと考えたのかもしれない。だが身近な人すべてを網羅《もうら》するならこの一語があったほうがいい。

愛という言葉が適切かどうかはわからない。「いつくしみ」「大事にし」はもうひとつなので「愛」を選んだ。

親が子を愛すとはどういうことか。

〝愛の反対語は憎しみではなく無関心である〟という名言がある。深い関心を持つことが愛だという。

佐々木は社員に細かくうるさい。社員の言動をよく見ており、「これはいけない」と気づいたことを口に出す。社員に関心があるからうるさくなる。

佐々木はだめな社員を切り捨てずもう一度チャンスを与える。そうすれば立ち直るかもしれない。育てられなかった自分にも責任がある。どうか心を入れ替えて真剣に仕事に取り組んでみなが見直す人になってくれ。

佐々木のわが子に対する切実な思いが、簡単に捨てることを許さない。

本当に「子弟を愛している」人でなければこうした言動はとれない。これから紹介する会社の年中行事や家族の集いなども、根底に社員に対する深い関心、愛があるから成功しているのである。

「社長は家長である。社員が自分は家族の一員であると本気で思うようにするのが家長の責任である。社員が家族として一つにまとまれば、何があっても潰れない強い会社になる」と佐々木は言う。

八章　自己研鑽の成果

社長として社員やお客様、取引先から信頼される人間にならねばと自己研鑽を始めた。

会社を立ち上げてから店の売り上げが上がり、遊ぶ金には不自由しなかった。三人で連日千葉の歓楽街に繰り出し、会社のユニフォームのまま朝まで何軒も飲み歩いた。この習慣は一人になってからも続いた。

倫理法人会に入会した。入会したものの朝の会合に出たことがない。「夜の帝王に倫理は似合わない」とうそぶいて完全なペーパー会員を通した。六年たってからぼちぼち出席するようになり、七年目に袖ケ浦《そでがうら》市倫理法人会の副会長に任ぜられてから本気になった。

事務所や商品陳列の整理整頓をうるさく言うようになった。社員の「感謝の手紙」を始めた。いずれも倫理実践の賜物《たまもの》である。「もっと早くから真面目《まじめ》に出ていればよかった」と夜の帝王は悔やんだものである。

中村功の経営者漁火会では、歴史を学ぶことの大切さを教えられた。司馬遼太郎《しばりょうたろう》の歴史小説の講義があり読書感想文を提出した。ある時、佐々木と何人かが期限を守らなかった。中村は「なぜやらねばならないことをすぐやらないのか！　そんなことで社員がついてくるか！」と烈火のごとく怒った。そのとおりだと思った。すぐ取りかかればすぐ解決する問題は多い。それを先延ばしするから問題が溜《た》まっていく。小さい問題が他の問題とくっついて大きい問題になったりもする。経営者が陥りがちな落とし穴である。問題を溜めない。そのため「すぐやる」ことを教えられた。以後、佐々木は「いいと思ったことはすぐやる。悪いと思ったことはすぐやめる」を行った。社員の月給を現金手渡しに変える時、銀行や経理が反対したが「いいと思ったこと」なのでそれを押し切って実施した。

経営者だけでなく社員も、歴史の勉強が必要だと思った。毎年十一月を〝読書強調月間〟とし、指定図書を読ませ感想文を提出させる。優秀な感想文は表彰し冊子にして配布する。

推薦図書は司馬遼太郎の『坂の上の雲』『竜馬《りょうま》がゆく』吉川英治《よしかわえいじ》の『三国志』『新書太閤記《たいこうき》』などの面白い歴史小説。夏目漱石の『三四郎』『こころ』ヘルマン・ヘッセの『知と愛』などの純文学小説。これら推薦図書を制覇したら次は自分で本を選んで読んで感想文を書く。中村功から学んだことである。

盛和塾ではしっかりしたぶれない経営哲学を教わった。

仕事の結果は能力と熱意と考え方のカケ算で決まる。考え方（価値観）はマイナス百からプラス百まであり、マイナスの考え方の人はいくら能力と熱意があってもいい結果を出せないという教えは身に染みた。

稲盛和夫から「業績はどう？」と聞かれた。「はい、いいです」と答えた。稲盛は佐々木の目を見て「気をつけなさいよ」と言った。稲盛は経営者の慢心による失墜を数多く見ている。そこから出た警告であった。去って行く稲盛に佐々木は深々と頭を下げた。

年間三十億を達成し自信を深めていたが、まだ経営者としての思想価値観を確立していない。もっと勉強して、プラス百の経営者にならなければと思った。

日本を美しくする会の鍵山秀三郎から、掃除の徹底を学んだ。若い頃は人の三倍苦労して今のイエローハットを作った。つましいひとである。

「苦労が顔に出る人は本物ではない」と鍵山は言う。鍵山はいつもやさしい柔和な顔をしている。「人間、こうじゃなきゃいけない」と佐々木は思った。

以後、笑顔でいることを心がけた。ニコニコ笑いながら「ばかやろう、そんな小手先のテクニックはやめろ」と注意する。営業部長の春田は「ゾッとする、大声で怒鳴りつけられるより、この方がずっと恐い」と言う。佐々木はやさしい顔で叱るワザを身につけた。

こうした自己研鑽を続けるうちに会社は業績を伸ばし規模を拡大していった。佐々木は自己研鑽の成果のひとつとして経営理念を発表した。

『私の経営理念』

「人間は誰でも本来何事も深く思い、考えたとおりに成すことが出来る。自分がもし出来ないと思えば何事も出来ないし、出来ると信念すれば何事も成すことが出来る」

中村天風《なかむらてんぷう》。

資本主義社会は競争社会である。競争に勝つ為には、営業の本質を徹底的に見極め、ライバルとの峻別《しゅんべつ》化を図り、敵の市場を奪う以外に方法がない。

摩擦を恐れてはいけない。瞬時たりとも弱音を吐いてはいけない。一度や二度の訪問で断られるのは当たり前である。なぜなら未来永劫《えいごう》続くお客様を一度や二度の訪問で取引できることこそ幸運である。

このような重要な新規開拓の為に、私達は過去の成功にこだわることなく、既成概念を打破し、新たな地域を商圏に加え、新しい商品を追加し、新規開拓の目標を長期にわたり設定し、全社一丸となり取り組む以外に生き残る方法はない。

私達は常に徹底した顧客第一主義を貫きながら、社員一人ひとりがお客様に必要とされる人間になるために、常に自己の人格の形成へ継続して精進をしなければならない。それがお客様から継続して買っていただける基本条件であり、私達に課せられた最大のテーマである。

また事業には商法と商道がある。

「商法」とは、戦略・戦術のことでありテクニックである。これはその時々の時代の変化や環境に応じて機敏に変化させなくてはならない。

一方「商道」とは、終始一貫不変のものであり、心であり会社の文化であり歴史である。私達は、戦後の経済至上主義を経て今日の物の豊かさを享受している。他方、政治経済界での倫理観の喪失により起きている腐敗政治や経済犯罪、青少年の心の荒《すさ》みからくる犯罪等は大きな社会問題になっているのが現状である。

そのような中で我が社は、企業としての社会的使命から「心の経営」を一つの旗頭《はたがしら》に掲げ、お取引様や社員同士お互い心の通い合う関係の樹立に努力しなければならない。

私は全社員とその家族が物心両面において、明るく豊かな生活を営むことができるように、甘えのない本物の家族主義を柱とし、芯から心の通い合う人間集団の育成に努力すると同時に、ひたすら自己研鑽に励み、大所高所から方向を決定し、理念を固め、情熱溢《あふ》れる経営を推進することを天命とするものである。

以上全文のほぼ半分を抜粋して紹介した。この経営理念は自己研鑽の一環として参加した日本経営合理化協会の社長塾で、課題として作成提出したものである。講師から〝出来ばえ〟をほめられたので、ずっと社員教育の教材として使っている。

佐々木の本心を吐露した闘志みなぎる激しい文章で、これを経営理念としてお客様や仕入先に披露《ひろう》するのにはためらいがあったのだろう。
会社の経営理念は別にある。

『三友鋼機グループ経営理念』
私達は
会社の信用を大切に守り
お取引先関係との強い信頼関係を共有し
社会貢献と
全社員とその家族の物心両面の幸せの追求に
情熱と信念をもって社業を推し進めてまいります。

社是はかつては「信用・信頼・信念」であった。信用は相手の誠意を信じて疑わないこと、信頼は信じ頼ること、信念は自信の心である。これを今は「信」の一文字にしている。信とは、自分は嘘を言わず、相手の言葉を信じて疑わないことである。
経営理念と社是も会社と足並みをそろえて、襟《えり》を正した、へりくだった端厳な言葉に〝成長〟している。この成長は謙虚に学んで実践する佐々木の素直な心がもたらしたものである。

労働争議を乗り切って経営者としての節目をこえるまで、佐々木は並の社長の一人であった。

会社は売り上げを伸ばして利益を出す。あふれるほどの利益を出す。これがゴールだと思っていた。夢は五井の駅前に十階建ての自社ビルを建てること。それを実現したら屋上に出て海に向かって「どうだ、やったぞ」と叫ぶ。頭の中でこの光景が一枚の絵になっていた。

自己研鑽を重ねるうちにこの夢は泡のように消えて行った。かわって「人間として成長することが大事」という価値観がふくらんできた。自分が勉強して身につけたものを社員にも身につけさせたい。社員を立派な人間に育てれば、そうした社員がそろえば自然と売り上げは上がる。自分と同じ価値観を有する社員を育てるのが社長の使命である。お金はこの目的を果たすための手段である、後からついてくるものである、と思った。

佐々木はお金に対する執着をなくした。自分の給料は自分で決められるが、二十年間一回もアップしなかった。経理部長から「低すぎますから上げてください。税理士の先生も言っています。来月からこれだけにします」と言われて承諾する始末。以後もお金に無頓着《むとんちゃく》であり続けた。

八十歳を過ぎた佐々木が珍しく理屈を述べた。

「失敗の原因は遊び過ぎ、勉強しない、率直に意見を言ってくれる身近な友人がいない、の三つにあります。成功する人はこの三つの反対の人です。若い頃の私は……」

自分の体験に根差した、実感のこもった哲学である。

九章　立派な日本人を作る

二十歳前後の新入社員五人がかしこまって座っている。佐々木が聞く。

「日本人に生まれてよかったと思っている人？」

誰も手を挙げない。

「日本という国に誇りを持っている人？」

みな下を向いて黙っている。

「ではこれから日本の歴史の勉強をします。テキストの四ページを開けてください」

テキストは二十ページの薄いノートで、『日露戦争が世界を変えた』とあり、あとは真っ白。右ページも真っ白。項目が載っているだけでメモ用にできている。

「メモを取りながら聞いてください。日露戦争は知っているね？」

うなずいたのはひとり。佐々木の講義が始まった。ゆっくりと子供に噛んで含める話し方である。


十九世紀にアジアのほとんどの国がイギリス、フランス、ロシア、オランダ、ドイツ、アメリカなど白人の国の植民地になった。特に中国は各国に領土を奪われ悲惨な状況だった。ロシアは中国領の満洲を奪い遼東《りょうとう》半島を手に入れ朝鮮半島に迫っていた。朝鮮がロシアの植民地になれば、次は日本だ。当時ロシアは軍事大国で陸軍は世界最強と言われていた。日本は明治維新から三十数年しかたっていない。富国強兵策を進めていたがまだ白人列強と戦う力はない。

その弱い国がロシアに宣戦布告した。世界中が日本が百パーセント負けると予想した。

明治三十七（一九〇四）年二月開戦。陸軍は遼東半島の旅順《りょじゅん》を攻め落とし、奉天《ほうてん》でロシア軍を敗走させ、海軍は日本海でロシア艦隊を全滅させ、翌三十八年九月、ロシアが降伏、日本が勝利した。

もし日本が負けていたら、アジア・アフリカ・南米などの後進国はすべて白人列強国の植民地になっていた。白人支配の世界になっていた。それを最後の最後、アジアの小国日本が防いだ。

日本が世界の未来を変えたのだ。白人列強に怯《おび》えていた小国弱国は日本を神のごとく讃《たた》え、自分達も勝てるという自信を持った。白人列強は、日本をいつか叩きつぶさなければならない敵と見なした。

日本は尊敬される国、大国も一目置く国になった。日本人はどこへ行っても歓迎される尊重される民族になった。

「ここまでのことで質問ある人？」佐々木は自分の手を挙げて質問を促した。

「話、分かった？」皆うなずいた。「では先に進む」

日本がロシアとどのように戦ったかの話に入る。講談調に緩急抑揚をつける。

乃木将軍がロシアの要塞《ようさい》をどうやって攻略したか。絶対落とせないはずの旅順を征服した乃木軍が攻めて来ると聞いて、恐怖にかられて逃げ出す奉天のロシア軍。東郷《とうごう》平八郎《へいはちろう》司令官が率いる日本艦隊がロシアのバルチック艦隊をどのようにして全艦撃沈したか。

佐々木は新入社員の顔が上がり目が生き生きと動いているのを見て、内容が頭に入っていると思った。

七時から十八時まで一日十時間、明治維新から始まり大東亜《だいとうあ》戦争で終わる歴史の講義を行う。

学校で教えられなかった歴史、学校で教えられたのとはまったく違う歴史を教えられる。初めはポカンとしていた新人の聞く姿勢がよくなり、メモの量も増える。新人は日本に対する誇りと偉大な祖先に対する敬意と感謝の気持ちを持つ。

立派な日本人になる。胸を張って自分の信念を語り、堂々と戦う日本人になる。この土台がなければいい仕事をする優れた社員になれるはずがない。社員の幸福を給料の額や労働時間といった狭い視野で測ってはならない。

国を思い祖先に感謝する豊かな心を持つ社員に育てる。それが社員の幸福の実現につながる。会社で認められる人材になれるし家族から尊敬される家長になることができる。佐々木はこう考えて歴史教育に力を注いでいる。

立派な日本人に育てる目的でしていることがもう一つある。社員旅行である。温泉で宴会をしてかくし芸やカラオケを楽しむ慰安旅行もいい。初めは三友鋼機もそうだった。

ある年、賢島《かしこじま》に行き、伊勢《いせ》神宮に参拝した。歩きながら、空気が違うと感じた。空気が澄んでいるとかうまいと感じるのとは少し違う。一緒に歩いていた社員が「ここはパワースポットですから」と言う。佐々木はパワースポットなどというものを信じなかった。だがこの時は特別な〝気〟を感じた。空気ではなく気である。気が心に入ってくる。心がきれいになり豊かになり強くなる気がする。初めての体験である。何だろう、これはと思いながら歩いた。社員もそれぞれ何か感じているようで、それが表情や歩き方に現れている。

神殿で手を合わせながら、佐々木は天照大神《あまてらすおおみかみ》が私達を見守ってくれている、ありがたいことだと思った。宴会の前の挨拶でこの話をした。多くの社員が強く深く頷《うなず》いた。社員に聞いてみた。「元気が出た感じです」「宙を飛んでいるような不思議な感じがしました」佐々木ひとりではなかったのだ。

この伊勢旅行以来、社員旅行は単なる慰安旅行ではなく社員研修旅行になった。一ヵ月前、次に行く所に関する歴史書や小説が配布される。社員は事前学習して研修旅行に臨む。

ハワイ旅行。パールハーバー航空博物館や戦艦アリゾナを見学し真珠湾を眺めながら日本海軍の真珠湾攻撃の有様を思い描くことができた。

グアム・サイパン旅行では、三万人が死に、まだ遺骨が残るサイパンの浜で錆《さ》びて朽ちている戦車に手を合わせた。

沖縄旅行。アメリカ軍が最初に上陸した座間味《ざまみ》をはじめ、戦争の傷跡残る地を見学した。

鹿児島指宿《いぶすき》温泉と知覧《ちらん》。バスで平和通りから知覧特攻平和会館へ。佐々木は平和通りではなく特攻通りに、特攻平和会館ではなく特攻記念館にしたほうがいいと思った。特攻兵は確かに平和を願って散華《さんげ》したが、その壮烈な魂をそのまま子孫に受けとめてもらいたいと思っている。平和という言葉は悲壮な特攻という行為をぼやけさせてしまう。特攻を軽いものにしてしまう。何でも平和をくっつければいいというものではないと思う。

陳列されている二十歳の青年の母親宛の手紙をじっと読んでいた若い社員が振り向いた。目が赤く潤《うる》んでいた。ここに来てよかったと思った。

愛知県三ケ根山《さんがねさん》。山へ向かうスカイラインのバスで説明した。山には処刑された七人のA級戦犯の遺骨が祀《まつ》られている。A級戦犯とはアメリカが東京裁判で日本をだめにした極悪人という判決を下した指導者のことで七人が死刑になった。その後アメリカは東條英機《とうじょうひでき》らA級戦犯を学校教育で犯罪者と教え、新聞ラジオもA級戦犯がどんなに悪いことをしたか報じ続けた。そのため国民はA級戦犯を憎んだ。三ヶ根山に慰霊にくる人などいなかった。

長い年月をかけてようやくA級戦犯が国のために働いた立派な指導者だったという考えが定着した。日本人が正気に戻ったのだ。謙虚な気持ちでお詣《まい》りしよう。

京都府舞鶴《まいづる》の舞鶴引揚《ひきあげ》記念館。シベリア抑留の日本人が興安丸《こうあんまる》などの船で舞鶴に引き揚げてきた。港は毎日家族再会の愁嘆場《しゅうたんば》だった。〽母は来ました　今日も来た、の二葉百合子の『岸壁の母』がヒットした。その記念館の前で日教組が「戦争を美化するな」というビラを配っていた。引揚記念館と戦争美化はどう考えても結びつかない。佐々木も社員もそのビラまき集団から離れて行動した。

韓国旅行。朝鮮半島を分断する停戦ラインの三十八度線上にある板門店《はんもんてん》を見学。南北分断を招いた朝鮮戦争の経緯とこの戦争が日本にもたらした影響を学習した。

中国にも行った。遼東半島のアカシアの街大連《だいれん》と旅順。旅順では日露戦争の激戦地二〇三高地を間近に見た。社内の歴史教育を受けている社員には感慨深い地であったようである。

別の年に南京城《なんきんじょう》と南京虐殺記念館。佐々木が数年前経営者仲間と見学して嫌悪と怒りで震えた所である。門を入ると「30」の上下三メートルもある金色の文字が目に飛び込んでくる。三十万人虐殺したの30である。館内はガラス越しにプラスチックや臘《ろう》を使って死屍《しし》累々《るいるい》の場面を再現している。ウソ八百で作りあげた反日教育施設である。中国人は入場無料。

出口の近くにウソでない本物が飾られていた。なかった虐殺を「あった」と書いた本多勝一《かついち》の『中国の旅』などの本がずらりと並んでいる。日本の政治家や有名人そして修学旅行に来た高校生の謝罪文。その人たちの顔写真も添えられている。これを見た時の嫌悪感と怒りを社員にも体験させたかった。

しかし当日、記念館は拡大工事中で閉鎖。研修旅行でこれが唯一の失敗である。

台湾旅行。台湾は明治二十八（一八九五）年から昭和二十（一九四五）年まで日本の植民地だった。欧米は自国の植民地の現地人を奴隷扱いし、資源や作物を搾取した。日本は新しい家族の一員として遇した。未開の地台湾に道路を整備し鉄道を敷き学校を作った。

中でも発電用と灌漑《かんがい》用の二つの巨大ダムの建設は本国日本の国家予算を疲弊させる大事業だった。この二つのダムの完成により、不毛の原野が台湾最大の穀倉地帯になり、また電気がくまなく行き渡り、工業の発展につながっていく。

この大事業の実行を推進したのが第七代総督明石元二郎《あかしもとじろう》であり、灌漑用ダムの現場責任者が八田與一《はったよいち》である。

旅行で明石元二郎の墓に詣《もう》で、八田與一の像を参観した。台湾人が今も日本に感謝してくれているのは、本心から家族の一員として育ててくれたからである。こうした祖先の活躍を知り、社員はあらためて日本人であることに誇りを持った。

歴史教育と研修旅行、これにより社員がどこへ出しても恥ずかしくない人間に成長しつつあるのではないかと佐々木は思っている。毎年新しい社員が入ってくるのでこの二つはずっと続ける。

十章　よく遊びよく学ぶ三友マン

研修旅行は歴史に残る名所旧跡を訪れる旅で今も続けている。これとは別に四十周年五十周年といった区切りの年にはハワイ・グアムなどに慰安旅行をしている。

これは仕事を離れた文字通りの慰安旅行である。顔を合わせることが少ない別会社や地方営業所の人との懇親の場になる。宴会では部門や拠点ごとにチームを作り、練習してきた踊りや歌の出し物を競う。一等、二等、三等に金一封の賞金が出る。

行事が多い会社である。毎年「年間行事カレンダー」を社員に配っている。新年会から忘年会までの日時が入っている。社員は行事参加を何よりも優先する。

行事の目的は社員間のコミュニケーション、チームワーク強化、価値観の共有、意思統一をはかる、である。経費はすべて会社負担、時間を十分とっている。この目的が会社の存続に関わる大事だからである。

新年会、忘年会は社内でする。これが慣例になっている。最近は広い敷地のある研修所でするようになった。料理は自前で、今年入社の女性社員が担当する。包丁を使ったことがない、料理をほとんどしたことがない女性に腕自慢の佐々木が文字通り手取り足取り丁寧に指導する。女性が初めて作った料理には「これは」というものもあるが、上司先輩は「うまい！」とほめていただくのが慣《なら》わしになっている。

毎年二月はボーリング大会。

四月は観桜会。以前は桜の名所に出向いていたが、今は研修所の桜が一人前になったので研修所に集まって花見をしている。

五月は四十三キロのウォーキング大会。朝六時から夜六時までの十二時間以内にゴールすればよい。もともとは五十五キロだった。平成二十一（二〇〇九）年、「ＧＯ！ＧＯ！ウォーク」という名称で始まり、社員以外の銀行などの取り引き先も参加して盛況である。

六月は収穫祭。研修所の六百坪の畑の作物を社員と家族が収穫する。玉ねぎ、じゃが芋、大根、さつまいも。家族は持ちきれないほどの野菜を持ち帰る。この収穫祭は野菜の収穫時期がそれぞれ違うので年五、六回行われている。

研修所には池があり鮒《ふな》や鯉《こい》が釣れる。子供のためのブランコやシーソーもある。圧巻は山の中腹から家の横まで太いロープを張って滑車で滑り降りるターザンロープ。百メートル近くあり、着地点は安全だが初めは大人でも怖い。急速度で降りてくる社員の表情を見物するのも楽しく人気ナンバーワンである。

七月は釣り。海釣り、渓流《けいりゅう》釣りがあり参加は自由。もちろん費用は会社持ち。佐々木は一時はモーターボートを持っていた。海が好きで釣りが趣味。岩手県宮古に鱈《たら》釣りに行った。平均八十センチの真鱈を八人で五十匹あげた。水深二百メートルに糸を落として釣る。鯵鯖《あじさば》のように数釣れる魚ではない。五十匹は佐々木も初めての大漁である。

これに味を占めて翌年は六ヶ所《ろっかしょ》村の青森三友鋼機に寄った後、青森湾で真鱈釣りをした。誘ったが誰も行かないので佐々木ひとり。一人で四十匹七百キロ釣り上げた。船の漁師が驚いていた。

釣り好きの友人に送った。一メートルの細長い発泡スチロールの箱を開け、氷漬けの大魚を見た友人は「ちくしょう」と、くやしがったそうだ。佐々木はそれを聞いてニンマリ笑った。

八月は暑気払いのバーベキュー。

十月の第一日曜日は一日かけて事業発展計画発表会。各社各部門責任者の詳細な発表と質疑応答。このあと家族の集い。奥さん、お子さん、ご両親などが集まって食事会を催す。

年間行事カレンダーには強化月間も記入してある。

一月、八月は美点発見月間。社員は「ほめカード月間」と呼んでいる。相手のいいところを書いて投票する。決まった用紙に書く。決まった箱に入れる。一人何枚入れてもいい。翌月開票集計し、一番多くほめられた人を金一封五万円出して表彰する。また一番多く投票した人も五万円出して表彰する。

前は三百枚くらいで提出トップ賞が取れたが、先回のトップは千枚だった。社員同士の人間関係をよくする点で著しい効果がある。

二月、八月は営業強化月間。営業以外の社員も物を売る。売ることの大変さと売れた時の喜びを体験させる。

売る物はまだ店に置いていない商品。メーカーから売ってくれと頼まれている新製品。洗剤、錆止めスプレー、ケータイストラップ等で値段は千円から二千円。これを店に買いに来たお客様以外に売る。親戚、友人知人、銀行など会社に出入りしている人、なじみのガソリンスタンドや商店、そしてまったく知らない人。会社の近くを飛び込みセールスして売った社員もいる。先回は百人で月五百万円売った。

三月、六月、九月、十二月は売掛金回収月間。二十年前、七千万円の不良売掛金があるのが判った。過去の分が年々積み重なってこんな金額になっていた。石坂部長から報告を受けた佐々木は「迂闊《うかつ》だった。ありがとう。今期全額落とそう」と言い実行した。この期は利益がゼロになった。

これを機に売掛金回収月間が定められた。営業に自分が担当する未回収残高報告書を提出させる。お客様の大半が大企業なので未回収は滅多にない。

平成二十七（二〇一五）年、珍しく三百七十万円の未回収が出た。法的措置を取った。それ以降は目立った金額の未回収はない。気を緩めず強化月間を続ける。

四月は親孝行月間。レポートを提出させ、毎年優秀者三、四人を表彰している。新人でない社員も全員レポートを出す。親にプレゼント、食事に行った、旅行に連れて行ったなどの内容が多い。新人はそっくり給料袋を渡し、定型の感謝の言葉を述べる儀式があるので、レポートが書きやすい。優秀賞を取るのは九割が新人である。

五月、十月は環境整備月間。5S活動と整理整頓に力を入れる。社内外はいつもゴミひとつない状態なので、この期間は社員に自宅の5Sを勧めている。

十一月は読書強調月間。感想文提出。

三友鋼機の会社行事と強調月間の特長は必ずレポートなど文章を書かせることと、現金による褒賞《ほうしょう》を行っている点である。

表彰は十月の家族の集いの中でまとめて行う。親孝行優秀賞、美点月間優秀賞、読書感想文優秀賞、それに永年勤続賞、営業優秀賞などに賞金が出る。受賞者は舞台でレポートを読み、授賞の喜びを語る。家族が息子あるいは夫の栄《は》えある姿に拍手する。

大半の行事は日曜日にする。会社説明会では年間行事と強調月間を詳しく説明する。「休みの日も会社に拘束される」のを知って、入社を辞退する人は多い。入社して日曜日の行事に参加して「おもしろい」「自分のためになる」「これは休みを潰しても出る価値がある」と思った人が社員として残る。

社員に労働以外の時間とエネルギーを求めることが許せない、あるいはこうした社風に耐えられない人は去って行く。佐々木は辞めていく人に未練を持たない。「期待に沿えなくてすみません、どうかお達者で」と頭をさげる。

サン・アルゲンの次長窪園《くぼその》文彦は言う。「ちゃらんぽらんに十八歳までやってきた。人生の目標もなく努力したこともない。女の子を好きになって子供ができた。働かなくてはいけないと思った。父親に三友鋼機を勧められて入社した。幸運だった。今年で三十年、今の私を作ってくれたのは会社です。会社の教育です。研修旅行や年中行事、強化月間も含めた人間教育です。私が部下を持つ課長をしているなんて、高校時代の悪友は信じないでしょうね」

「よく遊びよく学ぶ」。直接の仕事以外にこうした自己成長の機会を与えられていることを肯定し、これに喜んで取り組む社員を育ててきた。仕事ができるだけでなく、高い意識と優れた人間性を身につけた社員を作ってきた。

佐々木は表彰式の舞台で誇らしげに賞状を受け取る〝三友マン〟の姿を見て、いつも胸が熱くなるのだった。

十一章　第二の柱、第三の柱

新しい会社である。八百屋魚屋は仕入れた物を店に並べてお客様を待つ。翌朝市場へ行きその日売る物を仕入れる。

創業一、二年は町の商店より信用と資金がなかった。待っていてもお客様は来ない。佐々木は工場を回ってセールスした。注文をもらうと現金で仕入れて納品した。初めはこの繰り返し。佐々木の疲れを知らない強靭《きょうじん》な体がものをいった。二十四時間営業を武器に他社のお客様を取り込んだ。

電話やファックスで注文が入るようになっても佐々木の御用聞きセールスは続いた。会社が大きくなり固定客が増えてからも「お客様の所に足を運べ、顔を出せ、これが原点だ」と口をすっぱくして言い続けた。

設立二十年を迎える頃、複数の得意先から「高額の機械はレンタルにしてくれないか」という要望があった。どんな機械も稼動率が問題である。年中使っているのであれば、高価なものでも採算が合う。百万円二百万円の機械を買っても使うのは一ヵ月で後は使う予定がない。倉庫のゴミになる。

レンタル業は自動車が先行し、次に建設機械のレンタルが隆盛を迎える。以前はゼネコンが自社で購入して倉庫に準備していた。それを下請けの建設会社に貸していた。建設機械はクレーンやショベルカーなどの汎用《はんよう》機械の他に、基礎工事用の杭《くい》打ち機は一億五千万円、大型クレーンは一億円、周辺機材まで揃えると一セット五億円をこえるケースもある。

ゼネコンはこうした高価な機械を抱え切れなくなり、下請けの建設会社に「自分で何とかしろ」とつきはなした。

建設業者は買い揃える資金がない。揃えても仕事が切れれば倉庫で眠る。「誰かこっちの都合に合わせて貸してくれないか」ここで必要な時に必要な期間建設機械を貸し出すレンタル業が台頭し、たちまち一つの業界を形成した。

産業機械のレンタル業はこれより少し遅れて建設レンタルと並行して成長した。工業地帯の大工場を顧客にしている三友鋼機はこれまで工具の販売を主力にしてきた。レンタルでは大手商社が先行しているが、営業力があり小回りがきく当社が食い込む余地はある。

昭和六十（一九八五）年、佐々木はレンタル部を新設した。

発電機、溶接機、空気圧縮機やその関連部品のレンタル事業がスタートした。五百万円、一千万円する高額の機械も揃えた。投資額は十億円をこえた。しかし予想以上に需要があった。短期の貸し出しも多いが半年一年という長期も少なくない。レンタル事業は初めから好調だった。

平成四（一九九二）年、株式会社サン・アルゲンに格上げ。平成二十二（二〇一〇）年、佐々木大助が代表取締役就任。年商二十億円超に成長し、レンタル業は三友鋼機の二本目の柱になった。

佐々木大助は昭和四十六（一九七一）年生まれ。社長になったのは三十九歳の時である。

高校野球の強豪校に野球入学したが挫折。十八歳で三友鋼機に入社。できたばかりのレンタル部に配属。十年間機械整備や配送という下積みの仕事をした。

三井高利が興した三井家の〝家訓〟の八にこうある。

「同族の小児は、一定の年限内においては、他の店員待遇をなし、番頭、手代の下に労役せしめて、決して主人たるの待遇をなさしめざるべし」

大八はこの教えを知っていた。後継者は初めから課長などにしない。汗にまみれる末端の仕事につかせると決めていた。

大助は㈱サン・アルゲンの営業主任になってから、まわりから一目置かれる存在になった。

それはまねのできない「お客様優先」をやって見せるからである。

お客様が「こういうことができる溶接機があるか」と聞く。そんな溶接機は置いてないし、他社にもない。営業マンは断る。大助は即座に「あります」と答える。メーカーの開発部門へ行き研究員に説明して作ってもらう。需要がないので商品化しなかったが、試作品があって出してきてもらったこともある。

メーカーに「できない」と断られたことがある。大助は石川県の専門メーカーに飛んで行った。頼み込んで作ってもらい、無事納品した。

社長になった大助が言う。

「〝お客様の要求を満たす〟ことこそ、事業経営の根幹をなす会社のあり方であり、最高責任者である社長の基本姿勢でなければならない。会社の業績が振るわないのは、社長がお客様の要求を無視しているからである。これからもお客様第一主義を貫いて行きます」

大助が社長になって十五年、令和五年のサン・アルゲンの売り上げは四十億円をこえている。

親子は似る。年を経るにしたがって息子は父に似てくる。五十歳を過ぎて大助は父にそっくりの顔立ちになった。目元、口元が特に似てきた。顔が似るというのは心や考え方が似通っていることである。両者ともそれを認めたがらないが、第三者の見る目の方が当たっていると思う。息子は長年父のそばにいて、その薫陶を受けてきたのだから感化されないわけがない。

二代目は先代が作ったものを生かして使うことができる。ビジョンも理念も踏襲していい。「こっちへ行くんだ」と正しい方向を指し示すことさえできれば、社員が力を発揮する。

天竺《てんじく》へ、天竺へと、ぶれずに方向を示し続ければ孫悟空《そんごくう》などの有能な部下たちが支え、助けて目的を達することができた三蔵法師《さんぞうほうし》のように。

初代は六つに分けた会社をもう一度一つに統合して二代目に継承させようと思っている。二代目佐々木大助社長は初代の期待に応える経営者に間違いなくなる。

次の変革はまた二十年後の設立四十年頃になる。

平成十五（二〇〇三）年、三店同時に道具館を開設した。鹿島が四月、青森県六ヶ所村が七月、市原が十二月。

家電量販店が頭にあった。町の電気屋は量販店に蹂躪《じゅうりん》されて消えていった。市民が電化製品を買おうとしたら、量販店に行く。何でも揃っているし、品質は信用できる。大量仕入れで小売価格は安く提示できる。町の電気屋のみならずデパートも白旗を揚げた。ヤマダデンキ、ヨドバシカメラなどが台頭したのは時代の流れである。

東京はものづくりの町だった。町工場だけでなく機械、化学、製紙メーカーの大工場があった。足立区には〝お化け煙突〟の千住《せんじゅ》火力発電所があり、葛飾区には今でも東京都水道局の大施設がある。

御徒町《おかちまち》の台東《たいとう》は「工具の街」といわれ工具屋が軒を連ねていた。都内の工場がお客様である。ドリル、スパナ、ペンチといった小物から大型の電動機械まで、それぞれの店が営業マンをかかえて商いしていた。店は一階をショーウインドーにし、三階五階のビルを構えて威勢がよかった。

昭和四十年前後に都内の大工場は京浜工業地帯、京葉工業地帯に移転した。台東工具街は三友鋼機のような地元店や商社にお客様を取られた。

これと軌を一にして、東京近郊に大型のホームセンターが続々とできた。

工具店の工具は売れなくなった。伝統にあぐらをかいていてぼうっとしていた老舗《しにせ》がまず音を上げた。あわてて商売替えを図ったがうまく行かず潰れた。やがて工具の街そのものが消滅した。

家電量販店とホームセンター。今まで取り引きが少なかった一般工事業者や職人さんをお客様とする工具の店頭小売りの場を設けたい。万全の品揃えをして「ここへ来れば何でもある」と喜ばれる店にしたい。質のいい商品を信用あるメーカーから大量に仕入れて、お客様が納得する値段で販売する。現金取引の工具の量販店、これをレンタル事業につぐ三本目の柱として成功させたい……。

佐々木は十年前から「次の事業はこれだ」と決めていた。成功させるにはどうすればいいかの構想を練っていた。

店名は「道具館」にしよう。ライバルはホームセンター。ここのお客様をいただく。各地のホームセンターを視察した。建物の構え、駐車場、商品棚の配置や作り方、お客様の動線となる通路、レジのカウンター、そして品揃え。

頭の中の設計図が具体的な形を作り始めたのは、店舗の大きさと土地が確定してからである。それは構想七年目、道具館オープンの三年前であった。

イメージカラーは黄色。小学生の安全帽は黄色である。ドライバーは遠くから識別できる。遠くからでもはっきり見えるこの色がいい。外壁は全面黄色のまぶしく目立つ建物。これを機にユニフォームも同じ黄色にした。

営業時間を六時から十九時にした。職人さんは明日の仕事の段取りを夜のうちにすることが多く、「明日はあれが要る」と気付く。仕事に行く前に手に入れられれば最善である。実際朝六時七時に来店するお客様が少なくない。

品揃えは〝何でも〟が方針である。売れるからたくさん仕入れ、売れないから仕入れないといった儲け中心の品揃えはしない。安くても中国製の粗悪な工具は置かない。値が張っても質のいい日本製中心に、信用できるドイツ製やアメリカ製を揃えている。

レジでお客様が「助かった」と感謝した。

「台風が近づいているので養生テープをホームセンターに買いに行った。どこにもない。売り切れてないのではなく、売れないから置いていない店が多いのだ。道具館には豊富な種類の養生テープが並んでいた。ありがたかった」と言っていた。

佐々木が道具館を見上げて言った。

「こういう声がもっとたくさん届く店にしていきたい。日曜大工をする人がホームセンターではなく道具館に来てのこぎりなどを買ってくれています。お客様の層が広がっています。そうした素人のお客様にも満足していただける店にしていきます」

お客様が満足してくれる店、お客様が喜んでくれる店。レンタルの㈱サン・アルゲンと同じ、お客様優先、お客様第一を実現しつつある。

十二章　健全な体・健全な心

十二章　健全な体・健全な心

朝七時三十分。快晴。青い空。黄一色の事務所から社員が走り出てきた。男性はワイシャツにズボン、女性社員は上はブラウスとベストの制服だが、下はジャージ姿である。

ラジオ体操から朝礼が始まる。前にリーダーが立っているが、音楽は使わない。全員で「いち、にっ、さんっ」と声を合わせる。それぞれがハキハキと声を出してそれが大きなひとつになる。声が波動となる。近隣の工場はまだ人影がない。

手を伸ばすところは空に届けと伸ばす。体をねじるところは後ろの者がだれかわかるくらいにねじる。二十歳の女子社員はブラウスがめくれ、おへそがのぞいても気にしない。一心不乱に体操に没頭している。

ある日、ひとりの女性社員がやって来て、佐々木の目を見て言った。

「社長、朝礼の体操、社長がいつも言ってる『一所懸命』にしませんか？　だらだらやってる人もいますよね。あれ、何だか気持ちわるいんです。スカートも朝礼の時はジャージに着替えます。これは女性みんなで決めました」

〝ラジオ体操日本一〟運動がこうして始まった。たまたま目にしたお客様からうわさは広がった。

三友鋼機は朝が早い。佐々木をはじめ社長、幹部は五時台に出社している。社員が出勤してくる時間までには大方の仕事は片付けてしまおう、という考えなのである。社長や幹部の仕事は方針の決定である。方針や案件の判断が決まっていれば、その日の社員の仕事は順調に滑り出す。社員も六時三十分頃には続々出勤し、仕事の準備を完了させる。

道具館の開店時間は六時。お客様は工業地帯の電力・製鉄・石油精製・石油化学やプラントメーカーなどの企業である。その日の作業に必要な機械工具、機材に不足があれば仕事が滞る。早朝から開店し、何より元気な声で受け答えする社員は心頼みになる。

あわてて不足品を買いに駆けつけ、ホッとして店を出たら外で社員が声を合わせて体操している。目を奪われる。

「なんかね、見てると涙が出てくるんですよ。私もヤル気が湧いてきてこうしちゃいられない、と走り出したくなるというか。いいものを見せてもらいました」

うわさを聞いてわざわざ体操を見に来る人も出てきた。社員はギャラリーがいてもいなくても、一所懸命は変わらない。

社員は存分に体を動かし、声を出し、体中に血液を循環させてから朝礼、業務に入る。

「お電話ありがとうございます。三友鋼機の山口でございます」

客がコール音は鳴ったのか？　というぶかるくらい早く出る。全員が競って受話器を取っているのである。

ハキハキとすがすがしい声、そして声に温かみと表情がある。「私はこの一本の電話に全力でお応えします」という気概が伝わる。

佐々木は〝電話は十円でできる企業診断〟だと定義し『電話に関する方針』を文章にして徹底させた。

電話は大切な受付の〝顔〟であり、必需品である。電話の受け答えひとつでわが社全体が評価される。受け答えはもちろん、受話器の置き方も「先方の受話器が置かれたことを確認しそっと置く。間違ってもガチャンと置かない。社内間でも同様である」と明文化した。

問い合わせ等で電話がかかってきて、やむを得ず相手を待たせなくてはならない時でも、受話器は保留にしてはならない。佐々木は無機質なメロディーが嫌いである。こんなもの聴かされる身になってみよ。すぐに判断できない時には待たせずに「申し訳ありません。折り返し電話をさせていただきます」と言えば済むことである。

また、営業担当者への電話は、当事者が休日であっても「ただいま出張中でございます」と返事する。そして用件を聞き、緊急時を除きメモで連絡する。先方が連絡不要と言っても指名者に連絡が届くようにする。お客様は用件があって電話したのに「何だ休みか」と鼻白む。休みはこっちの事情である。休日は社員の権利だが、それをバカ正直にお客様に伝えるのは傲慢《ごうまん》である。一ミリたりともお客様に対して傲慢であってはならない。

傲慢な人間より感謝の心を忘れない謙虚な人間のほうがすばらしい。その気持ちを具体的に表すにはどうしたらよいか。相手に直接思いを伝えるのが一番だ。それにはハガキを書くことだ、と考えた。

佐々木はハガキ書き、名づけて「サンキューレター」を全社員に強制した。手紙を書く習慣のある社員は少ない。仕事に追われる社員たちは反発した。それでも貫いた。

「ハガキを出す相手は取引先、顧客、上司、家族、誰だっていいんだ」

佐々木は薄い水色で〝感謝〟と筆文字を透かし模様として入れ、太めの罫線をほどこした社のハガキを支給し、毎月〝サンキューレター実績表〟を配布した。月に四〜五枚程度が一番多い。しかし二〇〜三〇枚書く者もいる。

経理担当の女性社員は笑顔で言った。

「得意先の経理担当の方などに、ご入金いただきありがとうございますと、お礼の気持ちを込めて書いています。ひな形はありますが、知っているお客様にはプラスアルファのひと言を必ず入れるようにしています。ハガキを出すようになってから、お客様に電話する時など『いつもハガキをありがとう』と言われます」

ハガキ一枚でも書くからにはヘタな敬語などは使えない。言葉遣いを勉強するようになった。

何より佐々木がうれしかったのは「ありがとうございます」が、みんなの口から自然に出るようになったことである。

ハガキを書くために一日をふりかえり「今日はあの人が来てくれたなあ。こんなことを言ってくれたなあ」と出会った人のことを真剣に思う。自分の日常を見つめ直すことにもなる。文章を書くことは想像以上に大きい価値がある。佐々木はそう思い、社の命ずる訓練として強制したのだった。

初めは強制でも活力がある社員は乗ってくる。そんな社員が年々増えていく。

佐々木の提案「GO！GO！ウォーク」は、休日に社員で長距離を歩こうという企画である。

初めての長距離は平成十九（二〇〇七）年。終業後にスタートして夜を徹しての五十五キロメートルだった。佐々木は六十五歳でこの第一回の五十五キロを歩き切った。

その後「GO！GO！ウォーク」という名称にし、準備に力を入れ、休日の朝のスタートにした。

ある年の文化の日。青森、東海、鹿島の参加社員も市原のビジネスホテルに前泊していた。前日は、つるべ落としの宵の空にコンビナートのフレアースタック（余剰ガスを燃焼処理すること）の炎が見えた。

日の出前は少し冷えるようになった。しんとした道を市原本社に向かうと人のざわめきがあった。スタートは六時である。本社社員の家族の中高生も混じっている。グループに分かれて出発。刈り入れがすんだ田に陽が差し始めた。秋の香気の中を歩く。前もって社員が数ヵ所のコンビニに挨拶しチェックポイントを置かせてもらっている。トイレを貸してもらい、バナナや飲み物で休憩し、上着を脱いでまた歩く。道沿いの家の柿の実が赤い。


細い道から街道に出たところに軽トラックが停車している。佐々木の愛車である。世界最大のスーパーマーケット、ウォルマートの創業者サム・ウォルトンの愛車、ぼろぼろのピックアップトラックを思い出す。ウォルトンはこの車で早朝出社して店舗をまわる。質素、倹約、謙虚といった経営姿勢も佐々木と共通している。

走り出てきた麦わら帽子に首タオルの男が叫んだ。

「ホラみんな、こっちに寄れ！　気をつけて渡れ！」

佐々木である。みんなを見届けてから公園の昼食会場へ向かう。テントを設営し敷物を敷いて待つ。食事部隊が汁物や炊き込みご飯などを準備している。参加者は靴をぬいで足を伸ばし、手作りのご飯で生き返る思いがする。

出発。また歩く。足にマメができたり、関節が悲鳴をあげたりする。たわいない話で笑い合い、コンビニでアイスを買って元気を取り戻し、励まし合ってゴールを目指す。前の年は途中でいきなり土砂降りにあい、皆で肩寄せ合って雨宿りをした。

夕刻、汗みずくで到着したら、本社の会議室が宴会場である。佐々木の手料理と生ビールが待っている。

十三章　情報戦

待っていればお客様がどんどん来てくれるなら商売はどんなに楽か。そうした職種があり、そうした時期がある。これがずっと続くことはない。宣伝して知ってもらい、売り込まなければ売れない。

営業は「まず自分を売り込め」と言われる。お客様との人間関係ができれば買ってくれるし、買ってくれなくても「これからあそこは忙しくなるから行ってみな」と情報をくれる。

お客様にどうやって覚えてもらうか、親しく口をきいてくれる仲になれるか、これを考えるのが営業の入口である。これは通信機器が発達し伝達速度が速くなっても変わらない真理である。

パソコンとスマホの普及が情報の伝達を速くし、いっぺんに大量の情報を送受信できるようになった。三友鋼機は長い間通信手段が電話とファクスだったが、これからは電話とパソコンを繋いだインターネットの時代になる。大企業の工場はすでにパソコンが仕事の動脈になっている。お客様とパソコンでつながらなければ置いていかれる。

佐々木は鉛筆と紙の人間である。本はページを繰って読み、新聞は広げて活字を追う。パソコンのキーボードとマウスに触ったことはある。図書館で読みたい本を検索しようとしたが出てこないので職員に口頭で聞いた。以来パソコンは横目で見ている。誰もがスマホを持つようになり佐々木も買った。電話として使うだけでメールもしない。社員は簡単な報告も音声電話でする。社員は不便を感じているがトップにメールにしてくれとは言えない。佐々木はメールアドレスを持っていない。今後もメールはしないつもりでいる。意思伝達はメールより社員の声を聞くほうが上等だと思っている。

要するに時代遅れなのである。これからパソコン教室に通って遅れを取り戻す努力をする気もない。

社員にはパソコンの操作能力を要求する。新入社員には二ヵ月間かけてコンピューター教育をしている。時折キーボードをパチパチ打つ姿を佐々木はほれぼれと眺めている。

高齢者の家には通信販売のダイレクトメールがどっさりくる。衣類、食品、家具雑貨。カラー写真の豪華な冊子である。高齢者はそれを見て電話かハガキで注文する。品物が届いたら代金を払う。

若い人はパソコンかスマホで欲しい物を買う。支払いはカード。財布から現金の出し入れはしない。通信販売は紙からインターネットに変わりつつある。欲しい物を探すのは画面で検索するほうが早い。個人相手の小売業者は情報伝達のスピードと量で鎬《しのぎ》を削っている。

「時代遅れだ」と笑って済ませられることではない。情報伝達で後れをとればお客様を他に取られる。死活に関わる。同業者に遅れてはならない。同業者に先行しなければならない。

道具館開設の後、ＩＰ電話を導入した。電話と電話をつなぐ電話線を使った通話ではなく、パソコンのインターネット網を使って通話する。メールの音声版と思えばいい。

佐々木は仕組みを理解するのに難儀した。営業マンの説明がなっていない。カタカナの専門用語をずらずら並べ、相手が分かっているかいないか確認せずに話を進める。佐々木は遮《さえぎ》って「それ何？」「要するにどういうこと？」と何度も聞いた。この営業マンはセールスの一から教育しなければ、と思った。

試験的に050番号のIP電話を本社二本、東海村と青森三友鋼機に一本の四本入れた。今まで月三十万円かかっていた電話料金が十分の一の三万円に減少した。経費節減になった。全拠点に入れる。

だがこれは情報の速度と量の改善にはならない。急ぐのはこっちだ。

数年前、一番のお得意様から「インターネット上に商品カタログを公開して、それを見て発注できるシステムにしてほしい、もう電話と紙による発注は限界だ、お宅だって限界が来ているはず、インターネットに変えてくれなければうちは注文を出さなくなる」と言われた。

この目的を叶えることができるシステムはXML／EDI（インターネットを介して送受信する電子データ交換システム）である。この導入に向けて三友鋼機中心にEDI共同事業体を設立。中小企業庁が公募した〝中小企業戦略的IT化促進事業EDIシステム等促進事業（開発及び導入）〟に応募し、採択された。

平成十八（二〇〇六）年、国の補助金を得てシステム導入がスタートした。システム稼働までの期限は十ヵ月。専門各社の協力を得て開発を急いだ。

このシステム導入で何が変わったか。

お客様は商品の検索と発注をインターネットで行える。メーカーや卸問屋は三友鋼機からの発注書をインターネットで受け取り納品書請求書も電子化した。また商品情報はネット経由で、更新がリアルタイムでできる。今までは商品が変わるたびにメールやCDでもらっていたが、ネットで最新情報を確認できるのでその無駄がなくなった。

工場向けコンビニ三友鋼機は、石油化学コンビナートや発電所をはじめとする建設工事に必要な機械工具や機材を販売、レンタルしている。扱い商品は三万点をこえており、釘やネジだけでも何百の種類・サイズがあり、値段も一円から数十万円まで幅広い。また値段の変更が多く、商品は業界独特の呼称が通用しているケースもある。今までこの複雑な注文をほとんど電話かファクスで受けていた。ベテラン受注担当者の経験と勘に頼っていた。ベテランに仕事が集中し、疲れから間違いも起きていた。このままではいつかそうした間違いが大きい損害を招くだろうと危惧《きぐ》していた。この

ＥＤＩ導入はこうした将来を見据えた決断だった。

ＥＤＩに付随する電子カタログにより最新の商品情報をお客様に送れるようになった。お客様は注文がしやすくなった。社内では知識や経験が少ない社員でもパソコンを見てベテランと同じようにお客様対応ができるようになった。

これにより受注担当者の業務は三〇％削減され、数円数ミリの間違いもない正確な取引が実現した。

他にもメリットはある。お客様には一週間程度の短期の工事もある。工事が終わるとすぐ撤収。すぐに請求書が出せるようになり、代金の取りっぱぐれという損失がなくなった。

全国各地からいろいろなお客様が見える。どんなお客様か分からない。このシステムでお客様の与信管理ができるようになった。

新人教育は今までは六ヵ月間の基礎教育の後二ヵ月間のコンピューター教育をしていた。このコンピューターシステムの教育を早い時期にしたところ、六ヵ月間ですべての研修を修了できた。二ヵ月間の短縮は大きい。

このシステムはこれからの商取引の主流になる。これから同業者も導入するだろうが、先行している分、常にリードを保つことができる。

道具館開設は事業の第三の柱であるが、この情報戦の先行は第四の柱ともいえる。佐々木も「これは会社の新しい大きい財産です」と言っている。

では従来の営業はもういらないのか。

三友鋼機は男性社員の大半が営業マンである。注文を受けた商品を配達する。担当者に納品書を渡して話をする。要望や苦情を聞き、新情報を伝える。

三友鋼機は八割以上が自社配達。運送会社を使うのは遠隔地など特別な場合だけである。人と人の結びつきを大事にする。営業の原点に忠実である。

どんな精巧な機械でも故障する。銀行のＡＴＭのシステム障害や電車のコンピューターの制御不能などが起きている。ウイルスの侵入で動かなくなる。人為的ミスも考えられる。こうした時に人と人との信頼関係があれば乗り切れる。インターネット取引に頼り切って原点を軽んじてはならない。

「仮に小さいネジ一本でもそれがなければ工事ができない。プラントが稼働しないことになる。小さい事を大事にして必ず約束を守る。これを一つずつ積み重ねてお客様の信用を得る。便利なシステム導入にあぐらをかいて、〝信〟という基本をおろそかにすることがあってはなりません。我社は〝信〟で立つ会社です」と佐々木は言った。

十四章　東日本大震災の後

十四章　東日本大震災の後

佐々木はあまりテレビを観ない。

今まで二度釘付けになったことがある。一日中テレビの前から離れなかった。

一度は平成十三（二〇〇一）年九月十一日、アメリカの世界貿易センタービルに旅客機が突っ込んだ同時多発テロ事件。しかも二機。乗客を乗せたまま北棟と南棟に突入、約三千人が死亡、二万五千人以上が負傷した。

同じ場面を何度も放映した。何度観ても興奮は醒《さ》めなかった。

二度目は平成二十三（二〇一一）年三月十一日、東日本大震災。

地震より津波の映像に仰天した。二階建ての家が横倒しになって折り重なって流れてくる。車や家具がゴミのように押し寄せる。それが視界におさまり切れない広大な範囲に及んでいる。

高地に逃げた人が、逃げ遅れた人をビデオカメラで撮る。坂道を人が走ってくる。後ろから波が迫ってくる。高齢の男が力尽きてコンクリートの電柱にすがりつく。電柱に登り始めたところに波が襲いかかり男をのみこむ。男の姿が消える。これまでに二万二千人以上の死者と行方不明者が出ている。

佐々木は固唾《かたず》をのんで見守った。午後三時から夜中までニュースを観続けた。

さて、会社は大丈夫か。

本社は埋め立て地で地盤は堅固ではないが、幸い駐車場に亀裂《きれつ》が入った程度で済んだ。鹿島や東海、青森も被害は軽微で済んだ。

日付が変わる頃いち早く取引先や顧客に一斉にメールを送信した。

「お蔭様で私どもは無事ですのでご安心ください」

どの会社も事態に動転して呆然としていた時のことである。ネットでは不安を煽るデマが飛び交っていた。

この後、佐々木のもとに集まり四社長は「何をすればいいか」の案を出し合った。

社員の中には家に被害があった人もいたが、自分のことよりお客様に目が向いていた。

「コスモ石油が燃えている」と営業から連絡が入った。ちょうどタンクの足場の修理に入って、巨大な丸いタンクがゴロンと倒れてしまった。配管から漏《も》れたガスに引火し、大地を揺るがすような爆発音と巨大な火柱、黒煙が立ち上がった。京葉工業地帯の一角。空が赤く染まっている。

三友鋼機の商品に「緊急用品」がある。消火剤をはじめ緊急対応のセットをありったけトラックに積んだ。直ちに運んだ。消防車の到着より早かった。

担当者は市原営業所の林。「二十四時間営業」が身の内にしみ込んでいる。GO！GO！ウォークの際も耳に電話を装着し、次々入る注文に手早く応えている。深夜の電話は少ないが、それこそ緊急事態である。消防車よりはやく対応できたのは偶然ではない。日頃の習慣の賜物である。

道具館は停電し、レジは動かない。ウエスや電池、懐中電灯、ヘルメットや手袋などの保護具を求めるお客様が続々やって来た。社員は手書きの領収書と釣銭を持って迅速に行動した。声を出して案内し、お客様の注文に応じた。

大阪営業所からペットボトル飲料とカップラーメンをトラック数台で本社に運ばせた。本社から鹿島、東海に運んだ。佐々木も運転した。

「まさか、こんなに早く救済物資が届くとは。何？　三友鋼機？　ありがたい」

すぐに対応してくれる三友鋼機は日を追うごとに名を知られ存在感を増した。

後日、鹿島三友鋼機は災害時に発電機や投光器、水中ポンプなどのレンタル機材を茨城県の神栖《かみす》市に優先的に提供する協定を結んだ。最新の設備、情報、サービスへの期待に応え得る会社であると市が認めて、〝優良企業〟に指定してくれたのである。

当時、東京電力は世間では悪者扱いだった。ガソリン不足でスタンドはどこも長蛇の列。「東京電力」と名前の入った社用車で動く東電社員は肩身が狭かった。給油できない。「何とかガソリンを分けてもらえないか」と頼まれた。サン・アルゲンにはガソリンで動く機材があり、備蓄があった。それを分けた。東電社員からは「ありがたい。神様に見えたよ」と言われた。

三友鋼機各社は仕入れ先のメーカー二十〜三十社を集めて展示会を開く。社の前にテントを張り新製品を並べてもらい顧客企業を呼ぶ。お客様を招いてのお祭りと社員は心得ている。屋台で焼きそばやバーベキューでもてなす。東日本大震災の当日も鹿島の展示会は予定の夕刻まで開催していた。

佐々木はその後の東北の様子を報道する番組を観た。テレビはコマーシャルをやめていた。お笑い番組は放映しない。多くの会社や商店が営業を自粛している。笑ってはいけない。肩を落として暗い顔で泣き続けるのだ。

「これはおかしい」と佐々木は言う。体のどこかに痛いところがあったら、体全体が同情して休むのか。健康なところがいつもと変わらず活動すれば傷の治りも早くなる。

被害のない地区が平常通り活動すれば復旧が早くなる。悼《いた》む気持ちを持ちながらいつもどおり仕事をしよう、と。

佐々木は言う。

「商売でないことをする、仕事でないことをする、困っている人のために尽くす、社員が損得抜きで黙々と行動する。私が号令をかけなくても、それぞれが『今、自分は何をすればいいのか』考え行動する。ここまでやってくれるとは実は私も思っていなかった。会社の理念と基本方針がここまで浸透している会社はあまりないのでは？」

佐々木の家族主義は「社員は家族、社員の家族もわが家族」である。

入社した以上は一日目から家族である。

二十歳前後の男は女のことしか頭にない。会社には笑顔の女性社員がそろっている。

二十歳で入社した新人は甘いマスクをしていることもあって、事務員に人気があった。すぐに相手ができた。すぐに結婚した。すぐに子供ができた。生活できない。給料のいい宅配便の運転手になろうか。

「会社を辞める」と言った。

佐々木は話を聞いて「社宅を用意してあげるからうちで頑張れ」と言う。会社に社宅制度はない。会社がアパートを借りて家賃を全額持ってくれるという意味である。それなら生活できる。

男はがむしゃらに働いた。トップの営業成績をあげた。男は現在部長職についている。これが「社員は家族、社員の家族もわが家族」の実践である。

この男だけではない。社員はみな家族の一員と見なされ家族の処遇を受けている。社員は家族意識で結ばれている。

震災の後の社員の行動は家族を思う、困っている家族を助ける心から出ている。お客様も、一般の社会人も、日本人すべてが家族なのだ。家族のために今、自分にできることは何か。自分にできることを全力でしよう！　こうした純粋な心からの行動である。

確かにトップの思想をここまで社員の血肉にしみ込ませている会社はあまりない。

東北大震災の折、大きい被害を受けていないのに、自分を守ることに汲汲《きゅうきゅう》としている会社が多かった。経営理念に「社会貢献」を謳《うた》っていながら、こうした時に被災地や被災者のために〝自分たちは何ができるか〟智恵を出し合って行動に移す会社は少なかった。

それゆえ、この時の三友鋼機の社員の行動は一段と光り輝く。

十五章　究極の権限委譲法

車一台がやっと通れる農道をたどると、田植えの済んだ田んぼの先の木陰に屋根が見える。まわりに住宅はない。先へは車も人も行けない。どん詰まりの土地である。市原市海保《かいほ》。

緑の斜面を背にして簡素な平屋がある。その正面に畑が広がっている。手前の畝《うね》にさつまいもの葉が濃い緑の波を描いている。その奥は豊作だったメークインとキタアカリの収穫の跡。黒い土が大豆の植え付けを待っている。畑のむこうに白いものが動いた。ヤギのつがいである。鶏舎では烏骨鶏《うこっけい》が数羽、頭を上下に動かしながら歩いている。

突き当たりに竹林が迫っている。春には皆でたけのこ掘りに精を出す。

もう二十年以上前になる。佐々木は五十九歳だった。

「今のままでは後が育たない。私もいつどうなるかわからない。その時まわりがあたふたしないようにしなければ。どうしたらいいだろう」

これまでずっと自分で考え、問題を解決し、工夫改善を行ってきた。幹部は頼り切っている。言うとおりにやっていれば安心だと思っている。

問題が起きると、みな佐々木の顔を見る。佐々木が「こうしろ」と指示する。言われたとおり行動する。問題は解決する。これを繰り返しているので、幹部の信頼は盲信に近くなっている。

幹部は自分で考えなくなった。みな忠実なイエスマンで、経営者が務まる幹部がいない。何もかも自分でやってきたツケがまわってきた……。

佐々木は代表取締役会長になり、分社して四人の社長をつくった。しかし会長が社長だった時と何も変わらない。四人の社長は名前だけで、実質は部長である。

「私が会社に来る限り状況は変わらない。午前中だけにしても出社日数を減らしても、相談や報告が集中するだけだろう。社長を一人前に育てるには私が会社に姿を見せないようにするしかない。どうする？」

会社人間、仕事人間の私が自分の会社から離れることができるのか。体も精神もまだ第一線で戦える。この戦闘意欲をどこへ向ければいいのか。監獄にでも入れられないかぎり〝隔離〟はできないのでは……。悶々《もんもん》とする日が続いた。

仕事以外のどんなことなら心も体も傾けることができるか。

ある日突然、佐々木が言った
「土地を探してくれないか。農業をやろうと思う。自宅から車で通えるところがいい。できている畑や田んぼではなく、原野がいい。荒れ地でいい。そこを開墾する。何千坪でも広いほうがいい」

命を受けた石坂社長が動いた。本社から車で十分。山間に二千坪の土地を見つけて購入した。元の持ち主は破産して離れたと聞いた。住居は取り壊されてはいたが、長いこと放っておかれたらしい。うっそうと生い茂る藪《やぶ》の茂みと瓦礫《がれき》、風呂桶《おけ》などの生活廃棄物が散乱し、汚いことこのうえなかった。奥は竹藪である。まずは片付けだ。目の前にやるべきことが山積している。それが佐々木にはうれしかった。

佐々木は毎日、日の出前に軽トラックでここに出勤した。

そして号令をかけた。

「土曜日、日曜日、来られる人は来てくれ。メシは出す」

強制ではないが、人が集まった。

斜面から木を伐りだす。いつ終わるとも知れぬ開拓が始まった。毎週である。

伐採した竹は粉砕してチップにし、牛糞、鶏糞《けいふん》と混ぜて肥料にして畑に撒《ま》いた。

「へえー、竹が肥やしになるんだ」と感心する社員がいた。初めて土に触れる者も多い。夏の強烈な陽射しの下での重労働。そんな日でも人は集まって来た。

「ここがいつか畑になるのだ」という目標。誰も口に出さなかったが、この目標を持っていた。体で感じていた。畑にできるまでの開拓に、結局一年かかった。

平成二十一（二〇〇九）年四月。木の根や草、石ころを取り除いたまっさらな土地が広がっている。地面を春の風が吹き抜けている。

たけのこ掘り、青竹で竹トンボ、弓矢、水鉄砲、竹馬を手作りして大人も子供も遊んだ。青竹の樋《とい》を長く渡して流しそうめん。節で切った竹の椀《わん》につゆを入れてすすり込む。バーベキューで肉と野菜をたらふく食べた。腹ごなしに広い土地で大縄跳びをした。だれもが思いっきり跳んだ。そしてみんなで佐々木を胴上げした。

佐々木はこの開墾地の入口に「三友鋼機グループ研修所」の看板を立てた。

五月は畑づくり。耕し、畝をつくり、保護シートを張る。そこに子供たちも並んでさつまいもの苗を植えた。

社員の長島康貴は人一倍熱心だった。率先して働いていた。もともと実家は農家だが、家庭環境はあまり恵まれていなかった。病気がちの祖父と祖母、母との暮らしだった。開墾が終わった頃「農家を継ぎます」と退職した。佐々木の山での農作業の体験により、それまで背を向けていた実家の畑をやる気になったと言っていた。その後結婚し子供も生まれた。今では家族みんなで農業に打ち込んでいるらしい。明るい顔で会社にもぎたてのとうもろこしなど持ってくる。

佐々木は言う。

「プロ野球でも〝走攻守〟三つそろった選手はなかなかいない。長島はビジネスの走攻守を身につけた、いやこれから身につけるだろうと買っていた人材である。近い将来、間違いなく幹部になっていた。山で農業の深さと面白さを経験させてしまった。これまでその気はなかったのに、実家の農業を継ぐ気にさせてしまった。種をまいたのは私だ」

「歳月人を待たず」という。俗世間を離れて山の中で悠々自適の生活を送る人にとって、今が何年何月だったかを忘れてしまうほど時間は早く過ぎ去っていく。しかし佐々木の場合は違っていた。成長途上の社長の教育に時間を取られた。

社長たちは平日もやって来た。判断に困ると聞きに来るのである。会社から車で十分なので毎日来る社長もいる。事務所出勤から山の研修所出勤に変えたが、〝仕事〟は以前と大して変わっていない。


年月が過ぎた。

毎日来ていた社長が隔日になり、週一回になった。

三年過ぎる頃には月に一度も来ない社長も出てきた。電話もめったに鳴らない。社長は判断決断を会長に相談しなくてもできるようになった。同時に報告が減ってきた。月一回の幹部会で「へえ、そんなことがあったのか」と初めて知ることが多くなった。

「それでいい」と佐々木は思った。

それぞれが一人前の社長になった。風貌も自信に満ちた社長らしくなった。

それに比べ佐々木は日焼けして農夫らしくなった。

しかし、心のうちは苦しかった。

本当は会社に行きたい。会社に行けば何やかや口を出す。社長たちは佐々木の顔を見て仕事をする。社長たちは自分で考え、自分の責任で経営をしなくなる。畑を耕しながら、会社へ行きたいのをグッとこらえた。仕事第一で仕事に一生をかけてきた。その忍耐は想像を絶する苦しみだった。

「黙っていられない性分の私に、あんな忍耐力があるとは思わなかった」と佐々木は言う。

自分を抑え、自分を殺しての三年間、これが完全な権限委譲を成功させた。これが究極の権限委譲法だったのだ。

それからまた数年、時が流れた。

昨年植えたブルーベリーの畑。どの木も元気がない。その奥のイチジクは樹勢を誇っている。土との相性があるのだ。

斜面の下にはいつしか細い流れができている。そこに今ではクレソンが茂っている。

花見や収穫時には社員と家族が集まり皆で分け合い、食べる。季節がめぐって畑や山の木も育ち、幼かった子も大きくなる。佐々木が率先して料理する。サクサクと歯切れのいいたけのこ。ローストビーフにクレソン、塩辛をのせたじゃがバター。生ビールのサーバーも設置した。日の高いうちからみんなで冷えたジョッキを傾ける。

市原の中学校で悪さをしているガキ六人をあずかったことがある。校長に鍛え直してくれと頼まれて引き受けた。動作がのろい。ハアハア言ってすぐ休む。

「メシ食え」と言ったら、喜んで食べている。

一人の悪たれがおずおずと料理を手に「ママに持ち帰ってもいいですか」と言った。ほんとうのワルではないんだ。ワルぶっているが純な心を持っている。佐々木は中学校の校長に「矯正《きょうせい》教育の必要はありません」と言って六人を山から解放した。

社員と家族には健康であってほしい。とりわけ子供たちがすこやかに育ってほしい。コンビニ食は便利だが、手軽に加工食品に依存するのは危ない。親がまっとうなものを食べて、子供にも食べさせる。

母親になったら、女は子供が幼いうちは手もとで育ててほしい。だから給料も上げた。家族手当も充実させた。

親から子へ、子から孫へ、健全に引き継がれていけば幸福である。会社も初代から二代目三代目に健全に引き継がれていけばいい会社になる。会社で社員を育てるのと畑で野菜を育てるのは同じではないが共通点があると佐々木は思った。

畑を眺めながら佐々木は、「どうやら私は経営者としての二つ目の竹の節をこえた気がする」と思った。あの労働争議の後の〝二つ目の節〟をこえてから三十年以上経っている。

「儲かればいい」という原始型の企業家精神から一つ目の節をこえて、自己研鑽によって大局観と先見性を備えた器の大きい人間になった。社員から信頼され、尊敬される社長になった。社員が「この人の言うことなら間違いない、この人に従おう」と思ってくれる高い〝権威〟が身についた。

二つ目の節を越えるのは時間がかかった。人を育て、権限委譲を実現して百年企業への道を開いた。自分の分身の経営者がその道を進み始めている。

今は神棚に祀《まつ》られて、会社ですることがない。

退屈である。

二つ目の節をこえると経営者はすることがなくなる。それがわかった。

これからは畑の野菜作りと草むしりで過ごすのか。
それもいい……。

十六章　闘争心競争心

研修所の家で酒盛りが行われた。手作りの料理が並んでいる。佐々木会長と四人の社長、招かれた私たちが卓を囲んでいる。主菜のローストビーフがデンと置かれている。

会長が聞いた。「あなたが初めてうちに来たのはいつでしたかね」

「さあ、三十年くらい前でしょうか。今年が三十五年目ですからまだ始めの頃です」

「飛び込みで社長自らいらした」

「いえ、電話で約束を取って来たはずです」

「私は社長が直接営業に来たことに感心しました」

「ありがとうございます。あの時からお客様になってくださいました」

営業方針で佐々木はこう書いている。

「我々は日常の業務に追われ大切なことを見逃したり、非能率な方法で物事を処理している場合がある。パレートの法則の採用により、何が問題なのかを見抜くことができ、自ら果たすべきことへの大目標に全能力を集中できる」

パレートの法則とは「全顧客件数の二十%の件数で、全売り上げの八十%が構成される。従って、二十％の顧客に営業力を集中強化することにより、目標は百％達成可能になる」である。

社長連の顔を見ながら会長は言う。

「社長が自ら客先に出向くというのは予想以上の効果がある。上位二十％のお客様とは社長が固くつながっていなくてはならない。社長が顔を出す。社長が挨拶に行く。社長の時、私は得意先まわりを最優先の仕事にしていた。まわっているか？」社長連はばつの悪い顔をしている。

地方の営業所を巡回した。所長が「ライバルに客をとられた」と報告。「で、どうした？」所長は「いえ」と言ってヘラヘラ笑っている。

「くやしくないのか！　行って取り戻して来い」と佐々木は怒鳴った。ライバル会社に怒鳴り込んでも、お客様に平身低頭しても、取り戻せないのは分かっている。客を取られても平然としているその緩んだ精神が許せない。

青くなってどうして取られてしまったのか悩まなくては。商品の質とサービスはどこにも負けない。ではなぜお客様はうちを切ってライバル社に乗り換えたのか。所長や社員に驕《おご》りはなかったか。再発を防ぐためにも原因を明らかにして対策を練る。こうした闘う姿勢が見られなかったので怒鳴ったのだった。

会社を作って五年目、二十代後半の頃、佐々木は血気盛んだった。お客様の工場に御用聞きに行った。門を入ろうとしたところで後ろから同業者に声をかけられた。大手商社の営業マンである。

「よう、ここと取引きあるのか？」「ええ、前から」

「前からってあんたの所は始めたばかりだろ」「いえ、前からです」

「誰のところ？」「資材課の課長です」

「俺もだ、じゃあな」「待て！　勝手なことするな！　私が先だ！」

佐々木が相手を抑え、相手が振り向き、取っ組み合いの喧嘩《けんか》になった。守衛が飛んできて二人を分けた。二人とも見られない格好になり両者出直しになった。

その後「三友の佐々木は獰猛《どうもう》なので注意」と同業者間で有名になった。

平等、差別反対が社会の常識である。勝ち負け、優劣、上下関係は弱い人を傷つけるからやめよう。

学校で試験の順位や点数を公表しなくなった。

運動会の一等二等を廃止した。

先生と生徒は人間として平等だからと、小学低学年の先生はしゃがみ込んで生徒に目線を合わせて話した。

生徒は先生を怖がらなくなった。

親しみを感じ馴《な》れ馴《な》れしくなった。

先生は上から一方的に命令するのでなく、「皆さん、どう？」と生徒の意見を聞き、生徒と相談して授業を進めるようになった。

生徒は偉くなり「こんな先生いやだ」と先生を選ぶようになった。

佐々木は「家庭も学校も民主主義になった。しかしこんな平等、差別反対の一般社会の常識では会社はやっていけない」と断じた。

成績でも能力でも、優劣の差をはっきりつける。組織の上下関係を認め、命令報告などルールに従う。これが会社の常識である。

スポーツは勝ち負けがはっきりしている。弱い方を応援する天の邪鬼《あまのじゃく》もいるが、普通は勝つ方に拍手する。人は勝つことが好きなのだ。

会社は勝ち負けがはっきりしない。大企業や優良企業が勝ち組なのだろうが、試合は延々と続いて終わらない。会社はスポーツのように単純な勝ち負けを争うチームではない。勝つことより、生き続けることのほうを重視するチームである。

会社は勝つことより負けないことを重視する。ライバルに負けないこと、環境の変化に負けないことに全力を尽くす。

そのため闘争心が必要である。ここで求められるのは、ライバル会社の営業マンと取っ組み合いの喧嘩をする闘争心ではない。佐々木は「あれは私が悪かった。若気の至りとしか言いようがない」と恥じ入っていた。

お客様を増やす。他社のお客様が「こっちのほうがいいな」と三友鋼機を選ぶ。こうした営業活動が闘争心の表れである。

青森県六ヶ所村に営業所を出したのは平成十四（二〇〇二）年である。原発の使用済み核燃料を再生する日本原燃《にほんげんねん》の建設現場では、建設資材や工具を提供してくれる業者がいなくて困っていた。田舎の金物屋では長尺の鋼材を頼むと早くて三日かかる。そこで、注文すれば何でもすぐ持って来てくれる三友鋼機に「こっちに来てくれ」と頼んだ。喜んで応じた。営業所長を送り事務所を建て、現地で社員を採用して活動を始めた。

初めはよかった。売上げ平均五億円の年が五年間続いた。それから日本原燃がらみの仕事が減り、赤字の年が続いた。他の拠点と比べ、低劣が際立った。事業所長会議で六ヶ所所長は縮んでいた。本社では「六ヶ所はもうだめだろう」と言う幹部もいた。

佐々木は鹿島三友鋼機の課長平間《ひらま》義行に「青森に行ってくれ」と命じた。平成二十五年の春であった。

着任した平間は一週間机に座っていた。社員はパートを含めて八人。みな真面目だが自分の仕事しかしない。人は多いが田舎の金物屋の雰囲気である。

新所長歓迎会でベテラン女性社員が言う。「佐々木会長は青森を潰すんでしょ」その整理のために新所長が来たと思っている。

平間一人で倉庫の整理を行なった。社員は新所長の行動を見ている。レンタル倉庫、販売倉庫の次は事務所の動線確保のための配置換えをした。社員は指示されたことは行った。

自分の車はきれいにするが人の車は関係ない。平間は休日に出て来て四台の社用車を洗ってピカピカにした。社員は翌日出社してそれを見た。平間は整理整頓や掃除を一年間行った。

仕事には自分の仕事と、誰のでもないしなくても責任を問われない仕事がある。汚れていても誰かやるだろうと放っておく。働く環境が劣化する。仕事以外で気付いた事をすぐする人の集団でなければ成績は上がらない。これは佐々木に叩き込まれた理念である。

一年間の率先垂範は実を結んだ。年四回の棚卸しは所長が何も言わなくても社員だけでする。道具館の店の季節の飾り付けは三人の女性パート社員がすべて仕切った。社用車は誰が洗っているのかいつもきれいだ。社員はパート女性も含めて田舎の店の店員が颯爽《さっそう》たるビジネスマンに変わった。二年前まで、時間を守らない、見積書の数字を間違える、約束を忘れるなど、ありえない苦情が連日のように入っていた。今はそれがゼロになった。

日本原燃の仕事は伸びない。ならば他を探せ。

能代火力発電所。ここから距離二百十キロ、車で三時間半。平間は見込みのないお客様に挨拶に行った。二日後「防風ネットあるか」と電話があった。「あります」三十五枚売れた。週一回顔を出す約束をした。年三千万円買ってくれるお得意様ができた。

火力発電所は八戸《はちのへ》にもある。ここには同業者が支社や営業所を出している。少し遠いが下北《しもきた》半島の大間《おおま》では原子力発電所を建設中である。仕事はある。闘争心に欠ける人は同業者ががっちり守っているから入り込むのは難しいと諦める。平間は仕事があるならうちのお客様になってくれる可能性があると考える。

挨拶に出向く。「ああ、三友鋼機知ってるよ、震災の時世話になったたって。八戸に出てきたんだって。今度注文出すよ」と言ってくれたところが二社あった。仲間のこれまでの努力がありがたい。

平間が所長になってから五年たった。売り上げは七億円に回復。令和五年の決算では、十五億を達成した。八戸に拠点を設けて安定したベースにしてコンスタントに上げるのを目指している。

佐々木は六ヶ所の再建を平間に託した。平間は「できる！」というプラス志向の男である。また現状を見て、何が欠けているか、何をしなければならないか、判断できる男である。猪突《ちょとつ》猛進が闘争心ではない。条件が悪い環境で負けない手段方法を考え出して実行する。これが闘争心。

平間に聞けば「いやあ、私は闘争心なんて〜」と答えるだろう。社員を育てるための率先垂範を一年続けて実績をあげた。誰もが無理です無駄ですという販路拡張に挑戦して結果を出す。これが本物の闘争心である。

佐々木が社長や社員に求めるのは、会社の健全な存続のため、ライバルや環境の変化に決して負けない闘争心、競争心である。その手本を平間が示してくれた。社員はこれを見習ってほしいと思った。

十月の〝家族の集い〟で社員は妻でも親でも子でも一人以上家族を連れてくること

ができる。家族は社員が舞台で表彰される姿を見て拍手する。六ヶ所は赤字が続いていた時、家族を連れて来られなかった。

「青森三友鋼機は社員のみ参加」の通達が来た。

卑屈になった。まわりの晴れやかな姿に比べ六ヶ所の社員は暗い。平間所長がその屈辱の思いから解放してくれた。自信に満ちた明るい心に変えてくれた。

佐々木は社長たちが平間のような不屈の闘志を〝行動〟で見せることを願っている。

研修所の宴はたけなわ。社長たちが酔って叫び声をあげている。それをチラと見て佐々木は言った。

「でもね、売り上げも利益も毎年最高を更新しているんですよ」

うれしいような、いぶかしそうな微妙な表情を浮かべていた。

十七章　会社を支える四人の社長

夏は毎朝六時に山に行き、畑の草取りをし、肥料と水をやり、烏骨鶏と山羊《やぎ》の世話をする。九時には軽トラックで自宅に戻る。一日三時間の農作業。今はこれが日課になっている。

孔子《こうし》は「七十にして心の欲するところに従えども矩《のり》を踰《こ》えず」と言ったが、八十を過ぎた人はどうなのかは言い残していない。昔は七十を過ぎたら仙人のようで、人生の到達点だったのだろう。佐々木は心の欲するところに従ってしたいことをしている。自由気ままである。軽トラが細道を踏み外す可能性はあるが、人の道を踏み外すことはない。孔子は「よろしい、合格！」というに違いない。

多少時期は違うが四人の部長を社長にした。初めは〝名ばかり社長〟で部下は心細かったろう。佐々木も「どうなることやら」と心細かった。四人が会長頼みを脱して一人前になった経緯は権限委譲のところで述べた。

佐々木は四人の社長の成長と経営手腕を素直に認めている。四人の働きがなかったら会社はここまでの規模にはならなかったろう。

佐々木は四人の顔を思い浮かべた。

佐々木久孝　株式会社三友鋼機&株式会社青森三友鋼機　代表取締役

佐々木家の本家、長兄の次男である。根が真面目である。骨惜しみせず働き、雑用も引き受けた。浪人中のアルバイトの範囲を超えて仕事に打ち込んだ。お金が入った。それがよかったのか悪かったのか。だんだん受験に向かう気持ちが薄れていった。以来三友鋼機一筋に歩んだ。

GO！GO！ウォークを全回完歩している社長は佐々木久孝ただ一人。贅肉《ぜいにく》のない体で身軽に歩く。一人ひとりをよく見ている。足を引きずって歩いている社員は、チェックポイントで靴と靴下を脱がせて足を見て手当てする。遅れそうになる社員の横について歩く。終盤、疲労で誰もが黙り込む。コンビニでアイスクリームを買い込んで「どうぞ」と配って歩く。遅れる社員を待つ。声をかけながらゴールまで必ず連れて行く。

酒は叔父の佐々木に引けを取らない。部下を羽交《はが》い絞《じ》めして飲ませる。久孝の場合、誰もパワハラとは思わない。部下はからまれるのを承知でそばに座る。

久孝社長は言う。

「愛社精神は悪であるという考え方が蔓延《まんえん》しているが、企業間の競争が激化し、生死を賭けた闘いが繰り広げられている現在、『帰属意識』のない社員が揃った根無し草の集団が果たして生き残れるだろうか。敗者となり消滅していく。愛社精神を持つ社員で組織された会社は、帰属意識に裏付けされた誇りを持ち、いかなる困難にも立ち向かい勝者となる。愛社精神を育む社員教育にこれからも力を注いでいく」

椎名正明。株式会社鹿島三友鋼機＆株式会社東海三友鋼機　代表取締役

ホームセンターに勤めていたが、腰を傷めて三友鋼機に転職した。

椎名の「新聞配達」は伝説である。新規営業ではいくら足を運んでも面談にこぎつけない。どうしたら会ってくれるか。朝行くと仕事前にみんなスポーツ新聞を読んでいる。椎名は未明にスポーツ新聞を買い込んで毎日営業先をまわって〝配達〟した。相手は「また来たのか」と言いながら笑って受け取るようになった。これは五、六年続いた。

東海と鹿島の機材置き場にはバーベキューセットがずらりと並んでいる。椎名はバーベキューの道具のみを無料貸し出しにするのではなく、サービスを含めてパッケージの商品にした。

客先はプラントなどの大手企業が多い。どの会社も花見や納涼祭を行う。その際にバーベキューの道具はもちろん、テント、テーブル、いすも加え食材も手配し当日の設営と対応も行う。お開きになったら、後片付けとごみの処理も引き受ける。企業の社員はただ足を運ぶだけでいい。一度頼んで味をしめたお客様は何度も使った。もちろん商品の注文も何度も出してくれた。

道具館開設も椎名の力が大きい。第1号は鹿島店である。佐々木の意図を十分に入れて他のモデルになる店を作り上げた。

椎名正明の経営哲学。「サラリーマン経営者（自分のこと）よ。本物の経営者になるには、朝は一時間三十分前に出社して、社員が出社して来るまでに大方の仕事は片付けてしまおう。長時間働けと言っているのではない。お客様の要求にすぐ応じられるように時間を有効に生かして使おうということである。これだけでも会社は必ずよくなる。大切なのは、経営者としてどれだけ自分に厳しくできるか、本気で実務に取り組んでいるかである。経営者は危機感を持ちながら、〝己に厳しく〟している姿勢を見せること。この厳しい姿勢が社員の意識を変え、強い軍団を作る」

佐々木大助。株式会社サン・アルゲン　代表取締役

佐々木の長男である。根っからの営業マンで「売ればいい。売れば楽しい」男である。フットワークが軽い。詳細は十一章「第二の柱、第三の柱」のレンタルのサン・アルゲンで紹介した。

石坂左京。株式会社サン・アシート　代表取締役社長

二十歳の時、父を亡くした。記憶にあるのは、家で書きものをしていた父の姿である。卒業後は不動産などの事業をしていた叔父のもとで働いた。豪胆な叔父は一方では細かく、書類の角がそろっていないとカミナリを落とした。そんなところは佐々木とよく似ている。その後会計事務所に転職、十年ほど勤務した。

会計事務所で担当していたのが三友鋼機。そこに会計事務所を通しての知己で信頼していた住安《すみやす》専務がいた。

当時の三友鋼機は労働争議は落ち着いたものの問題も多く、個人商店から会社組織に成長途上だった。

住安専務は頸椎《けいつい》の病を持ち、車椅子を使っていた。住安は佐々木に諫言《かんげん》できる唯一

の男だった。間違っていると思ったら「社長、それは違いますよ。他の方法を見つけましょう」と言い切った。

佐々木は住安専務を「裏のない誠実な男だった」と言っている。

平成十（一九九八）年、石坂は三十七歳で三友鋼機に入社した。船橋に家を買ったばかりだったが、心は決まっていた。半年ほど船橋から通い、市原に家を買った。妻は「二重ローンになっちゃうわね」と言ったが、微笑んでいた。

住安は一年後、あっけなく病死した。まだ五十代だった。その住安が何度も口にしていたのが「社長を頼む」だった。

「会社をよく見てくれ。表からも、裏からもだ。社長は〝情〟の人間だから杓子《しゃくし》定規にはいかない。君は何でも数字で考えるところがある。頭を柔らかくしてトップを理解して、ナンバー2の役目を果たすのだ」

石坂には、〝ナンバー2〟という言葉が重く響いた。

住安は自分が社長を支えるナンバー2だと自覚して社長を助けてきた。その住安が逝《い》った。代わりは誰だ。経理財務を任されているが、石坂にナンバー2の自覚はない。

「それを自覚して社長に尽くせ」が住安の遺言である。

二代目の佐々木大助はまだ若い。大助の代になるまで現社長を支えるのが自分の役割である。

石坂は自問した。

社長の考えを誰よりも深く理解しているか

社長の足りないところを補佐しているか

社長に現場の問題解決案を提案しているか

社長に代わって厳しいことを社員に言っているか

社長の間違いを率直に正しているか

社長を励まし勇気づけているか

無私無欲の精神を貫いているか

まだまだだ。これからだと思った。この設問にすべて○がつけられるようになろう。

こう決意してから二十年になる――。

権限委譲が完成して十余年。売り上げは年々上昇して令和五年は一四〇億円。会社の社会的評価も高くなっている。社長が力をつけた証である。その部下の課長、所長や社員もみな頼もしい。

佐々木は思う。人を育てれば業績は伸びる。人材がそろえば会社は強くなる。売り上げの数字は、どれだけ人が育ったかを示す秤《はかり》の目盛である。

十八章　月が見ている

研修所の家の縁側で月を見ていた。

満月にはなっていない。面長の若いころの妻の顔のような月である。最近月に住む話が出ている。

アメリカはフィラデルフィアから西へ西へ歩を進めた。馬とピストルで原住民を蹴《け》散《ち》らし鉄道を敷いてさらに西へ。海に出ても冒険は続いた。ハワイ王国を征服し太平洋の島々を取り、ついに日本に至り開国を迫った。それから百七十年、もう略奪できる地面はない。そこで空を見上げて無人の星へ向かった。月が第一候補。アメリカ人は冒険が生きがいである。

山本夏彦は「何用あって月世界へ」とその冒険を嘲笑った。日本人はこうした荒っぽい冒険はしない。

豊かな大地に恵まれているおかげで穏やかな生き方ができた。人の幸福は略奪や征服では得られない。心豊かに生きることが幸福であるという価値観を持つことができた。勤勉に働いて家族を養い健康な子孫を残すことを生きがいにした。社員と家族の物心両面の幸福の追求を経営理念としてやってきたが、間違っていなかった。佐々木は月を眺めながらこう思った。

もし厳格で怖い父親でなかったら、もし質屋通いの貧乏生活を送らなかったら、もし会社つぶしの労働争議がなかったら、今の佐々木大八はなかったであろう。

明治生まれの父は無理偏《へん》にゲンコツ。大八は末っ子で一番上の兄とは十五歳離れているのでそれほどではなかったが、兄たちはよく殴《なぐ》られていた。

名前を呼ばれて、漫画に夢中の兄が「うーん？」と生返事をすると、父はこたつから立って来て兄の頭をぽかりとやる。力いっぱい殴るので兄は「いてえ」と悲鳴をあげる。大八はその光景を見ていた。

父は働く一方の男だった。製材業を営んでおり、九人家族を養う収入は稼ぎ出していたが商売下手で金持ちにはなれなかった。年一度製材組合の一泊二日の慰安旅行がある。それが本当に慰安になるらしく、戻って来た父はご機嫌で妻や子に土産《みやげ》を配った。この一日と元日が父の機嫌のよい日で、一年の残りの日は渋い怖い父であった。

父は自由平等個性の民主的家庭とは正反対の家長中心の家庭を作っていた。子供にしつけをし教育するのは自分の役目であり、そのため子供に嫌われたり嫌がられたりするのは当然のことと思っていた。

会社を興して社員が五人、十人と増えてきた頃、自分が言葉遣いはもとより服装身だしなみやちょっとした態度を見逃さずうるさく注意している、これは父親そっくりだと気付いた。嫌われようと反発されようと言うべきことははっきり言う。社員が改めるまで何度でも言う。

そうしなければ社員はよくならない。自分で気付いて改めるだろうと相手を尊重して待っていたら日が暮れてしまう。気付いたら〝その場ですぐに〟が鉄則である。社長にいじめられたと言って辞める社員がいる。佐々木は意に介さない。この程度のことが改められないで逃げ出す奴はうちの社員にはいらない。

佐々木は父は偉かったと思うようになった。自分が嫌って逃げ出したのは、社長がうるさいからと言って辞めるダメ社員のように未熟だったからである。

父は六十四歳、大八が二十一歳の時亡くなった。自分を一人前に育ててくれたのは間違いなくあの父だと大八は思った。

もし自分の父が子の言うことを何でも聞いてくれる、子がほしいものは何でも買ってくれる、やさしい民主的な人だったら今の自分はないと思った。

母親は大八が能代の夜間高校二年生の時、五十四歳で亡くなった。勤め先の給料だけでは学校の授業料などが払えないので、母がこっそり仕送りしてくれていた。それが途絶えた。

社員寮に入って質素な生活をしていた。これ以上倹約のしようがない。父親には頼めない。もし父に頼んだら「ならばウチへ戻って製材を手伝え」と言われる。死んでもイヤだ。

大した質草はないが、質屋に通って授業料を払った。食事はすべて社員寮でとった。恋人ができて喫茶店でお茶を一緒に飲んだ。「お茶でも」と誘ったのは恋人の方である。大八は財布に二人分のお茶代がなかった。二歳下の恋人が払った。恥ずかしかった。お金を持っていなければ、お金を儲けなければと思った。独立して商売をしようと思った。事業欲に火がついた。

そしてもう一つ。金銭感覚が鋭敏になった。それはこの貧乏生活で身についた能力である。

お金の出し入れと残高に注意した。資金繰りが悪化したのはオイルショックなどの予期せぬ要因があった時だけで、商売が順調な時は会社の経理は常に健全であった。会社のお金でよく飲み歓楽街で遊んだが、決して底が抜けるような出費はしない。金遣いは慎重かつ堅実である。

高校時代、お茶代や食事代をいつも出してくれた恋人、今の妻に十分なお返しができたと安堵している。


ゼロから出発して十年で年商十億。将来は明るい。駅前の自社ビルも夢ではなくなった。慢心していた。天が試練を与えた。この程度の苦難を乗りこえられないなら退場しろ。この試練を克服できればお前は本物の経営者になれる、人から信頼される人間になれる、さあ、どうだ、やってみよ！

労働組合ができた。

三十人の社員のうち部課長と女性事務員以外全員が組合員になった。

このままでは会社が潰れる。組合に潰された例を数多く見ている。何としてもこの危機を打開しなければ――。

佐々木は勝った。労働組合を解散させた。

この戦いが佐々木を金儲け主義の並の社長から、「会社は人材育成の場、人を育てるのが社長の仕事」という一段上の理念を持つ経営者に成長させた。

もちろん組合に屈して社長の座を追われていれば後の人生はなかったが、もし労働争議がなかったら、会社のその後の健全な成長はなかった。

もう一つ、身近な友人などに優秀な人がいたら、今の佐々木大八はなかった。三人で始めたから三友の社名にした。三人とも遊び好きの若者だった。

佐々木は厳格な父に育てられ、聡明な妻がいた。二人は金と女と酒にだらしなく、遊びに十分な金がほしいだけで、会社を経営するといった高邁《こうまい》な精神はない。二人とも少し売り上げがあがるとその金で派手に遊んだ。共同経営者のはずが、会社を食いものにする不良社員となり二人とも十余年で会社を去った。

もし二人が優秀有能な人だったら、二人とも年上であり、佐々木は上に立てなかった。自分の考え方やり方で経営することはできなかった。

また設立して二十年、社員に優秀な人材は見当たらず、佐々木はワンマン経営ができた。「しつけ教育」「家族主義」「歴史を学んで立派な日本人になる」などの会社の基礎はこの時期にできた。

その後会社を支える人材が次々入ってきたが、基礎ができているので育てるのにそう苦労はいらなかった。


日本は質を追求する国である。果物、野菜、米は同じ土地でより良質のものを作り出す。種や肥料の研究を積み重ねて、世界のどこも真似できない高品質のものを生み出してきた。

魚や肉も日本産は質がよくてうまい。手をかけるので値段は張るが中国の金持ちは自国の食品ではなく日本産を求める。

会社は社内で社員を育てる。何年もかけて石ころをぴかぴかのダイヤに変える。これは農作物と同じ手法である。米中のように有能な人を高い給料で釣り上げるのではない。時間とお金をかけて育てる。

家庭でのしつけ教育や学校での読み書きそろばんの基礎教育が欠けていれば、それを会社は給料を払いながら行う。歴史教育によって社員の意識改革までする。国に誇りを持ち、祖先に感謝する日本人に育てる。

社員一人ひとりの顔を見て話を聞いて育ててきた。しっかり地面に足をつけて日本的経営をしてきた。

山の上に月が皓皓《こうこう》と照っている。もうすぐ中秋の名月だ。

六十年間、魁として闘ってきた男の影を、月が見ている。

あとがき

孫が私を変えた

思えばどれだけの人が私を支え、私に教えてくれたことか。五十人はすぐ名前をあげることができる。社員やお客様を含めると千人は下らない。こうした人が私に力を与えてくれた。

行くてを阻《はば》む厚い壁が目の前に迫り、夜も眠れない日々を過ごすうちに、必ず救いの手が差し伸べられた。その人の言うことを聞いて、力を合わせて壁に立ち向かった。

私はついている。運のいい男である。すべての出会いが必然であった。一瞬遅からず一瞬早からず、まるで魔法のように必要とする人が現れた。

こうした人との出会いのおかげで、経営者の端くれとして生きてくることができた。

若い頃は人に頼ることを恥じた。何事も自力で行う。独立自尊の精神で邁進《まいしん》した。時を気にせず汗にまみれて一心不乱に、自分でもよく働いたと思う。

これが頂点に達した時に労働争議が起きた。この人生最大のピンチを会計事務所の福田英郎《ひでお》先生や福田先生が紹介した弁護士の先生や後に専務になる住安幸夫が救ってくれた。今はもう三人とも故人になっている。

この時から私は〝何でも自力で〟をやめて〝人の力を借りる〟に方向転換した。学ぶこと、謙虚に人に教えを乞う道を歩き始めた。

一流の経営者に会って直接指導を受けた。いいと思うことはそのままそっくり真似《まね》た。

たとえば中村功氏が主催する漁火会で、新入社員の初めての給料を親に渡す儀式を教えられた。子が親に言う感謝の〝口上〟に感激した。口上の文句を少し変えて、四月の親孝行月間の行事にした。この年中行事は三十年前に始め、今も続いている。

社員が増え、業績が向上した。拠点の数が増え、新分野の事業も好調に推移した。今から二十五年前、再び経営者としての大きい意識変革があった。

長男に子ができた。私にとって初孫である。

長男の嫁が私に抱かせた。孫娘が目を開けて私を見ている。私は「うん」と言ったきりであやす言葉が出なかった。その時背骨から首筋を通って頭のほうにあったかいものがのぼっていった。初めての体験である。

私の血を受け継いだ子である。この子が大人になる頃、私はいないかもしれない。だがこの子の中に確実に私は残る。性格、考え方、行動の習慣……。こうして人は代々命をつないでいくんだ……。

会社経営が私の人生だとすれば、それが世の中に認められ支持されるものだったとすれば、それは価値あるものであり、子から孫へとしっかり引き継いでいかなければならない。

今、孫は三人いるが、孫ができて私は変わった。

会社はなぜ社員を教育するのか。仕事の成果を上げて業績向上に寄与してもらうため――。違う。会社を次の代に引き継いでいくために教育するのである。

会社の目的は子孫代々つないでいくこと。百年二百年と生き続けること。そのために社員一人ひとりを立派な人間に育てなければならない。私は三十年後の大人になった孫を想像して、新しい経営者意識を確立した。自分が勉強し、社員を教育してきた。時に触れ折に触れ思った。「経営者が人間として成長すれば、社員も成長する」と。大言壮語に近いかもしれないが、これが私の実感である。

人生で一番長い時間、私を支えてくれたのは妻である。ずっとそばに居てくれた。悩み苦しむ時は温かく見守ってくれた。意見を求めればハッとするような強烈なことを言うこともあった。十七の少女の時からよくぞ今まで……。

最後に英雄でも偉人でもない一人の中小企業経営者の私を「佐々木大八伝 魁」として書き上げてくれた盟友染谷和巳氏と研修所の風景を表紙に描いてくれた酒井正子氏に感謝する。

この一風変わった〝人生史〟は自分で読んでもおもしろい。私は恥ずかしい限りだが、人が読んでもやはりおもしろいのだろう。孫の感想を聞きたいものだ。

佐々木大八

佐々木大八略歴

昭和17（1942）年	秋田県由利本荘市生まれ
昭和34（1959）年	能代の秋木工業株式会社入社 同時に能代北高第二学部入学
昭和38（1963）年	上京 東京都千代田区の高圧ガス、熔剤商社入社 千葉県市原市の市原営業所勤務
昭和40（1965）年	工場向けコンビニ三友工具株式会社設立
昭和44（1969）年	鹿島営業所開設
昭和55（1980）年	社名を株式会社三友鋼機に変更
昭和60（1985）年	株式会社三友鋼機レンタル部開設
昭和61（1986）年	株式会社鹿島三友鋼機設立 株式会社東海三友鋼機設立
平成 4（1992）年	レンタル部を株式会社サン・アルゲンに
平成 7（1995）年	株式会社サン・アシート設立
平成11（1999）年	社長を退任し代表取締役会長に（59歳）
平成15（2003）年	道具館開設　鹿島4月、六ヶ所村7月、 市原12月三館同時
平成16（2004）年	株式会社青森三友鋼機開設
平成18（2006）年	株式会社サン・アルゲン京浜事業所開設
平成20（2008）年	株式会社三友鋼機大阪営業所開設
平成21（2009）年	畑と山の研修所開設
平成22（2010）年	株式会社サン・アルゲン第二整備工場竣工
平成23（2011）年	株式会社サン・アルゲン仙台事業所開設
平成28（2016）年	株式会社サン・アルゲン相馬出張所開設
令和 1（2019）年	株式会社サン・アルゲン袖ヶ浦機材センター竣工

株式会社サン・アシート
〒299-0107　千葉県市原市姉崎海岸53番地1　TEL 050-5556-0012

＜著者略歴＞

染谷和巳（そめや　かずみ）

昭和 16 年（1941）東京生まれ。

旧東京教育大学卒。

昭和 63 年　株式会社アイウィル設立。

現在　アイウィル主宰。

著書

『上司が鬼とならねば部下は動かず』（プレジデント社）、

『指導者として成功するための十三の条件』（高木書房）他。

佐々木大八伝　魁

令和 6（2024）年 2 月 25 日　第 1 刷発行

著　者　染谷 和巳

発行者　斎藤 信二

発行所　株式会社 高木書房

〒 116-0013　東京都荒川区西日暮里 5-14-4-901

電　話　０３-５６１５-２０６２　　ＦＡＸ　０３-５６１５-２０６４

メール　syoboutakagi@dolphin.ocn.ne.jp

印刷・製本　株式会社ワコー

　ISBN978-4-88471-835-0　C0023